I0818641

TANGALAN

Rodrigo Huerta Merodio

El juguete de Dios
Cuentos, Política y Apocalípsis

El Juguete de Dios
Cuentos, Política y Apocalípsis

Primera edición, 2017

Foto de portada: "El Leviatán macho y el Leviatán hembra"
Composición propia

INDAUTOR: 03-2017-11 1511562300-01
ISBN-13: 978-1973312079
ISBN-10: 1973312077

Comentarios sobre la edición y contenido de este libro a:
Twitter: @olmedopato

ÍNDICE GENERAL

A veces, la realidad sola supera a la ficción.

A veces, la ficción sólo complementa a la realidad.

Historia mínima de un sexenio

El estadio estaba lleno, abarrotado, sin embargo me sentí completamente ausente del lugar en el que me encontraba. Me examiné en el espejo, unos segundos más, admirando mi peinado. Recordé los errores cometidos por mi estilista esa mañana. Le había pedido que tratara, sobre todo, que no se viera muy levantado de atrás. No lo había logrado del todo y había que corregirlo de inmediato. Puse gel para cabello en la palma de mi mano izquierda, atomicé un poco de agua sobre ella y me despojé de la botella y del atomizador. Lo fui esparciendo, poco a poco, con las puntas de los dedos repitiendo una secuencia de movimientos circulares espaciados, como cuando el que pinta mezcla los colores en la paleta. Persistí diluyendo, sin prisas, adelgazando los grumos y resistencias presentes en aquella masa húmeda entre mis manos. Cuando finalmente fue una pasta uniforme levanté mis brazos, lentamente, percibiendo sin prisas su delicado aroma perfumado. Como si fuera una obra de arte cobrando vida entre mis dedos, pasé por el copete y poco a poco fui ejerciendo presión, firme pero constantemente, mientras mis manos se desplazaban hacia atrás. Me deshice del remanente pegajoso con ayuda de una toalla húmeda, y conseguí los trazos finales con el peine y aire caliente, usando la secadora de cabello. Cuando terminé, vi en el espejo mí reflejo una vez más: ¡Radiante! Se veía lo suficientemente natural y a la vez perfectamente delineado. Definitivamente hoy había sido un buen día para mi cabello. Miré una vez más las cejas en simetría perfecta. La mirada de melancolía enmascarada en misterio, y los globos oculares, que irradiaban un blanco prístino producto de las gotas aplicadas horas antes. Admiré la nariz recta que, vista desde el ángulo adecuado, refleja la luz de manera similar al filo de una espada en medio de narinas exfoliadas dos días antes. Mordí suavemente los sugestivos labios rojos y carnosos que me tentaban desde el espejo, y revisé el afeitado pasando gentilmente los dedos por la barbilla y el área del bigote. Me puse de pie para verme de nuevo de cuerpo completo. Descubrí el cuello de la camisa en su lugar, guardando absoluta simetría entre mis clavículas. El torso bien delineado por la camisa confeccionada magistralmente por el sastre. Me gustaba el aspecto de las arremangadas mangas que me daban ese *look* de importancia informal, de atareado joven ejecutivo. El pantalón de vestir color beige con pinzas a los costados y el cinturón café con hebilla dorada. Y finalmente, los zapatos en piel genuina con fondo falso que me ayudaban a verme un poco más alto. *Simple y sencillamente perfecto* –pensé. Todo concordaba muy bien con el espíritu de los comunicados de prensa, que ya aguardaban su distribución en medios impresos y electrónicos a nivel nacional e internacional. Ya sólo les falta la foto.

– Están listos para usted, Señor.

* * *

Caminé por el pasillo en silencio, concentrado en mi discurso y entre penumbras y tramoyas, pisos falsos y filas de colaboradores sonrientes que aguardaban impacientes mi llegada. Subí las escaleras y la luz se hizo de pronto. La gente comenzó a aplaudir. Caminé seguro, envalentonado y sonriente. La piel se me erizó mientras comencé a saludar con la mano libre a la distancia, desplazándome con seguridad y soltura hacia mi *marca*, entre miles y miles de destellos de fotografías finalmente capturadas y aplausos, muchos aplausos. Llegué por fin, emocionado, al atril que me esperaba en el centro del escenario y los miré.

Un sobresalto en el pecho me despertó de la somnolencia idílica. Podía verme a mí mismo separado de mi cuerpo... ¡como si estuviese inmerso en un viaje astral! La ropa, el peinado, la sonrisa, la seguridad que emanaba de mi postura frente al micrófono, todo yo, de pié frente al mundo. Los fotógrafos enfocaban sus grandes angulares, la gente esperaba ansiosa mis primeras palabras, expectantes entre banderolas y matracas, entusiasmados todos ante mi presencia... pero algo estaba terriblemente mal. Me falta el aire. Una sensación de nausea empezaba a crecer en mi interior y, sin embargo, no podía dejar de mirarme como me ven realmente desde afuera de mi zona de confort. ¡Estaba aterrorizado! ¡No podía entender cómo no pude verlo frente al espejo! Me vi abrir la boca y empecé a jadear. La cabeza me daba vueltas. Solté el discurso que llevaba en la mano sobre el atril y de pronto lo entendí: ésto no era más que el principio. Sentí un fuerte dolor en la boca del estómago que me inclinó levemente hacia adelante. Un segundo espasmo subió desde la base del estómago y me venció, inclinándome violentamente y abriéndome la mandíbula desde adentro.

Me arde la garganta. Me está quemando. Por un momento me abandoné y nada más importó. Finalmente me reconcilié con la idea y me encontré a mí mismo vomitando, entre arcadas, un liquido amarillento. Podía sentir su espuma rebosando profusamente por la nariz. Su tibieza escurría por mi rostro y finalmente anegó el piso y mis manos. Intenté controlarme pero fue en vano. Este muñeco de aparador no podía dejar de vomitar ese bonito piso falso de escaparate globalizado.

Tu Apocalípsis, Mi Paraíso

Llegué puntual como fui requerido. Presioné el botón del timbre pero no escuché sonido alguno. Un pequeño *led* color rojo reafirmó su normal funcionamiento y mitigó mi ansiedad por apretarlo de nuevo. Después de unos instantes, un pitido eléctrico apenas perceptible y un golpe metálico liberaron el pestillo. Me permití el paso, cerré la puerta detrás de mí y me senté despacio en uno de los sillones de la sala de espera vacía. El ambiente perfumaba intenso aroma a incienso, casi penetrante pero sin ser molesto, más bien agradable y reconfortante. Busqué con la vista una fuente de humo o incensario en uso. Nada. Parecía que el agradable aroma a sándalo que me envolvió emanaba de las alfombras, cojines, cortinas y paredes; bien podría ser el aroma propio de este espacio, impregnado a través de los años por el tratamiento con un sólo tipo de vara ignífuga o resina aromática. Escudriñé nuevamente el recinto, ahora sin objetivo definido. Al fondo, una mesa redonda tablada con el juego de cuatro sillas en herraje. A un costado, el pasillo que posiblemente llevaría a los despachos y lavatorios. Encontré también una puerta con óculo típico del acceso a cocinas frente a la sala en la que reposaba en espera: tres piezas en madera apolillada, cojines firmes forrados en tela color hueso y mesa de centro, también apolillada, en cuyo cristal reposaba una pipa en madera de caño largo, sin cánula o pisadientes y sin uso aparente, las plumas de la paz coronaban el caño amarradas con un lazo; también una estatua mediana en madera representando un búho posado con las alas desplegadas; encontré un abrecartas tamaño daga, sin filo, miniatura de una espada de cruzado a juzgar por las palabras *King Richard* y el busto de un león amenazante grabados en la empuñadura; más allá encontré una balanza metálica con platillos encadenados al brazo, 21 gramos en pesas inclinando la escala y; finalmente, un altero de revistas de todo tipo y con varios meses de atraso, a juzgar por el desgaste en sus engrapes, lomos, encuadernes y tapas. Me dispuse a agarrar la de hasta arriba cuando escuché el crujir de una puerta en inminente apertura y voces acercándose en diálogo avanzado. Una mujer joven apareció momentos después por el umbral del pasillo, se despidió besando la mejilla de un hombre viejo, canoso y barbado que le seguía de cerca, sólo para darle la espalda, levantar la mano en mi dirección y desearme *buenas noches,* a lo que alcancé a musitar la misma deferencia en retorno. -¿Rogélio? –preguntó el viejo barbón. -Sí, soy yo –contesté más decidido. -Pasa –espetó y sin esperarme regresó hacia el corredor. Lo seguí entre las penumbras del pasillo hasta la emanación de luz en el fondo del recinto. Aguardó en el marco de la puerta para cederme el paso. Deslumbrado encontré un diván color chocolate con patas de madera, reposando en el piso de *parquet* en pino natural. Más allá, un *reposet* - mesedora que debía ser el lugar del galeno, a juzgar por el hundimiento en el asiento que describía el prolongado y reciente uso, así como la mesa de acompañamiento atiborrada de libretas, bolígrafos, aparejos electrónicos y papeles densamente entintados. Al fondo, una mesa de servicio enmantelada, rebosada con sobres de azúcar y edulcorante, cafetera y microondas. Al espacio interior lo aglutinaba una extensa colección de libros que cubrían de piso a techo las estanterías de pesados libreros en madera. Finalmente encontré un sillón para dos, en el que reconocí a su gemelo apolillado del que provenía en mi descanso. Lo elegí naturalmente, mientras fue inevitable contrastar el denso hedor a pedo que inundaba el despacho, con el aparente aroma neutro del pasillo y el agradable incienso previo, ahora tan anhelado. Agradecí que el viejo se tomara unos momentos para abrir las ventanas, disimulando mientras ofrecía agua o café. Una ráfaga fría de viento misericordioso disipó parte de la horripilante pestilencia y al resto me acostumbré con prontitud. Bebí con desagrado un poco del agua embotellada sabor cloro que me facilitó el galeno, servilleta en mano, mientras él tomó su lugar y hurgó entre los papeles buscando un bolígrafo. -Rogélio Moreno –espetó sin inflexión particular en la voz. -A sus órdenes –respondí mecánicamente. -¿Como el del *Club Quintito y el Tío Gamboín?* –preguntó sin mirarme. -Así mero –contesté recordando a *Pacholín y Salchichita* mientras mis tímpanos (o mi cerebro) emulaban por enésima vez el estruendo de los bombos y platillos. -¿Qué edad tienes Rogélio? –apuntando en su libreta. -Treinta y ocho años. -¿Soltero?, ¿casado? –prosiguió el encajoso. -Felizmente divorciado, Doctor –dije, pensé y sentí simultáneamente. -¿Hijos?, ¿tus padres viven? –mirándome a los ojos. -Una hija previa al matrimonio; mis padres afortunadamente sanos, activos y ocupados. -¡Maravilloso! –exclamó mientras esbozó una mueca que pudo ser una sonrisa detrás de las barbas entrecanas. -¿Y a qué te dedicas? -De profesión soy periodista, pero por el momento desempleado. -¿Pero algo haces con tu tiempo, cierto?, ¿cuáles son tus pasatiempos? -Leo –contesté escueto. -¿Novelas? –presionó con avidez. -No. Leo información. -Si bueno –aventuró el viejo– toda lectura contiene información, pero de qué tipo, esa es la pregunta. -El contenido es política y actualidad – aclaré. -Noticias entonces. -Sí, sí, noticias –concedí a regañadientes. -¿Y qué te trae por aquí Rogélio?, ¿cómo te puedo servir? –remató con amabilidad. -Busco el diagnóstico de un psiquiatra y mi amiga Norma me recomendó sus servicios. -¿Cuáles son los síntomas sobre los que buscas diagnóstico?, ¿cuál parece ser el problema? – preguntó con lo que pudo ser genuino interés. -Cuál sería el diagnóstico, Doctor, si afirmara que los animales pueden comunicarse conmigo; que hay gente interesada en gestar un Apocalípsis; que estoy seguro que me leen el pensamiento; y que hay gente que quisiera matarme de formas tan extravagantes como numerosas –afirmé mirándolo a los ojos, con aplomo, soltándolo sin tapujos ni cortapisas. Me sentí libre después de años, lustros, tal vez décadas. -¿Cuál crees *tú* que sería el diagnóstico para los eventos que describes, Rogélio? –evadió inmutable el viejo lobo, como si lo que acabara de escuchar fuera moneda corriente en su consulta. -Psicósis o pronunciados rasgos psicóticos, tanto en delirio como en alucinaciones –contesté descarado. -¿Y cómo te hace sentir el diagnóstico que aventuras, Rogélio? -En realidad no hace diferencia en mis emociones. Mire Doctor: –advertí envalentonado– entiendo que es muy temprano para emitir un diagnóstico informado y responsable, pero si tomé la recomendación de mi amiga para venir a verlo, fue por que ella afirma que usted sabe de lo que está hablando y *va al grano*. Yo le aporto síntomas específicos y espero un diagnóstico específico a cambio. Creo que es buen momento para hacerle ver que no pretendo un tratamiento o terapia, sino que en realidad vengo por el diagnóstico. Déjeme intentar hacerlo más sencillo para ambos: suponga por un momento que estamos hablando de un tercero, que el primo de un amigo describe estas situaciones y lo consulto para que me aventure un diagnóstico, digamos, a *ojo de buen cubero*. -No podría emitir un diagnóstico específico –aseguró elocuente. De ser así como lo describes –prosiguió– efectivamente podría existir un trastorno en la percepción de sí mismo, del entorno y de la realidad, pero no podría asegurar que el padecimiento es psicósis, podría ser esquizofrenia o algún otro padecimiento, o ninguno para tal caso –sentenció con la autoridad característica del gremio. -¿Pero podríamos afirmar con certeza que el primo de un amigo está loco, cierto?, ¿sin ser tan específicos? –sondeé con morbo. -La locura es un término muy vago y por lo general cargado de connotaciones negativas que... -Entiendo lo que me quiere decir –interrumpí– pero está de acuerdo que existe una afectación en la psiqué de este individuo, que como me hace ver, pudiera ser consecuencia de algún tipo de padecimiento indeterminado, por el momento, pero que ciertamente deriva en delirios y alucinaciones característicos en la locura, ¿verdad Doctor? -De alguna forma –pausa– lo que describes pudiera referir a un trastorno psicológico pero no es posible ser concluyente –sentenció. -Mire Doctor, más fácil: digamos que usted y yo somos viejos amigos y en una plática de sobremesa le comento sobre el primo de un amigo que presenta la sintomatología expuesta, y le pregunto a bocajarro si está loco. Usted qué me responde, Doctor. Ya no tiene tiempo, la cuenta está en camino y venimos en autos separados. ¿Está o no está loco, necesita que lo refiera a su consulta, o no es necesario Doctor? -Sí –espetó ambiguo. -¿Sí lo refiero a su consulta o sí está loco? -Sí a la referencia para poder determinar lo otro –profirió escurriéndose de nuevo el chingado barbado. Lo interesante, Rogélio, es por qué para ti es necesario escuchar que estás loco. ¿Qué significaría para ti el hecho de que diagnosticara tu locura? -¡Entonces si estoy loco Doctor! –emoción. -Yo no he dicho eso. -Bueno, bueno, el primo de un amigo. -No voy a decirte que estás loco Rogélio, aunque te personifiques en *el primo de un amigo* –espetó tajante. -Pero lo estoy, aunque no quiera decirlo y ambos lo sabemos – concluí insatisfecho mientras dejé caer un resoplido nasal y el torso sobre el respaldo. -A ver, supongamos que estás loco Rogélio, eso ¿cómo cambia las cosas?, ¿por qué parece ser tan importante escucharlo? -Porque entonces podríamos quitarlo de en medio y empezar a discutir aquello que es realmente importante. -¿Cómo qué? –preguntó genuinamente interesado. -Por ejemplo, el uso que ellos le dan a esa tecnología. -¿Quienes son ellos? -Por ejemplo, abordar la tecnología que lo hace posible –continué ignorándolo. Por ejemplo, las implicaciones legales, éticas y morales del uso de esa tecnología y las repercusiones que ello tendría en el comportamiento de las personas y en su sanidad mental, o en este caso insanidad, ¿verdad Doctor? - No es concluyente –esquivó por enésima vez el infeliz. - ¡Con un carajo Doctor! ¡Dígalo de una vez! –perdí la paciencia. No respondió. Quedó mudo unos instantes y prosiguió con voz amable pero firme: -Rogélio, creo que es necesario detener la consulta en este momento, no por otro motivo, sino que esta sólo es una sesión evaluativa en la que nos limitamos a conocernos y a plantear el problema de manera general, lo cual parece ya haber sucedido. Me gustaría que, si está bien por ti, me visitaras una o dos veces más en este mismo horario, para poder evaluarte de mejor manera. Entiendo que no pretendes recibir tratamiento y no es lo que ofrezco. Te invito a que en una o dos sesiones más generemos juntos un diagnóstico un poco más trabajado, más asertivo, digamos. Acepté y cubrí sus honorarios. Ya en el automóvil, de regreso a casa, no pude dejar de sentir satisfacción por lo cerca que estuve de escucharlo de manera tajante, en viva voz de un profesional en la materia: estás loco Rogélio, estás loco y no tienes remedio.

* * *

Me desperté sobresaltado, los ojos abiertos mirando al techo, la respiración agitada, insuficiente. Ningún pensamiento me asaltó de momento. Permanecí en vigilia, preclaro, escuchando. El silencio de la noche se rasgó con estruendo en la voz de un infante acongojado: -¡No-no-no-no-no-no! El miedo se apoderó rápidamente de mí. Pensé en despertar a María pero no pude moverme. -¡No-no-no-no-no-no! –repitió desconsolado mientras el corazón desbocado me retumbó en el pecho. Permanecí atento, intentando explicarme el origen del lamento, expectante en lo que pareció ser una eternidad. Entre el silencio de la noche los sonidos se transportan sin mayores interferencias. Lo había escuchado cerca, sin lograr determinar la distancia: podría estar al otro lado de la puerta o al otro lado de la calle. -¡No-no-no-no-no-no! -¡No-no-no-no-no-no! ¡Fue demasiado! Me levanté de la cama como impulsado por un resorte. Escuché atento, rígido, intentando controlar mi ensordecedora respiración. Nada. Abrí la puerta del dormitorio despacio, observando entre penumbras. Salí de allí apoyando el talón en el suelo y paulatinamente transfiriendo mi peso hacia los dedos, observando, respirando, intentando distinguir siluetas entre las sombras. Un paso, despacio, escuchando, otro más.

-¡No-no-no-no-no-no! –el sudor frío me erizó la piel y tuve que apretar las nalgas para contener un chisguete de orina que me quiso traicionar. *–Estoy muy cerca–* . Conseguí reanimar las piernas, jadeando seguí avanzando, despacio hacia la puerta principal. Me apoyé con las manos en el muro y despejé cuidadosamente la cortina desde el marco. Observé por un instante la cochera, los automóviles estacionados, la reja cerrada y el candado asegurado. Los árboles en la acera se meneaban con el viento entre la luz ocre de las farolas. -¡No-no-no-no-no-no! -¡No-no-no-no-no-no! La desgarradora queja del infante en lamento retumbó frente a mí, a mis pies, en la cochera detrás de la puerta que nos separaba. Sensaciones intensas de hormigueo se gestaron, expandieron y apoderaron simultáneamente de regiones distantes en mi cuerpo... las malditas *ñañaras* se transformaron en pavor con la velocidad de un rayo. -¡Qué haces! –tronó una voz a mis espaldas. Las piernas se tensaron y brinqué en sobresalto con el diafragma contraído, expulsando violentamente el aire en un grito entrecortado: -¡Ah! Alcancé a ver a un gato blanco corriendo despavorido, cruzando la reja de un salto impulsado por el grito de María y el ladrido que me había provocado. -¡Son las tres de la mañana Ernesto! ¿qué estás haciendo en la ventana! -Nada... nada... me despertó un gato. -Te ves pálido, ¿te sientes bien? -Sí, sí, regresa a la cama, ahora te alcanzo. -Ay Ernesto, estás verde, ven te preparo un *té* para que puedas dormir. -Sí, yo creo que podría servirme. -Ándale, ayúdame y me cuentas. -No sabía que los gatos pudieran sonar como infantes –dije con pesar. -Ay Ernesto, pero si los gatos maúllan como lloran los niños –aseguró displicente mientras encendió la luz de la cocina. -Pero nunca me topé con uno que pudiera articular palabras. -¿Palabras?, ¿de qué estás hablando Ernesto? -Me desperté escuchando, según yo, a un infante acongojado repitiendo: ¡No-no-no-no-no-no! -Ah... sí, sí, a veces parece que hablan. -Pues yo no lo sabía y casi me provoca un infarto. Te juro que me acordé de todas las películas de terror que he visto, por un momento pensé que *Chuky* me iba a saltar encima con una daga en la mano. -¿*Chuky,* Ernesto? Tienes que dejar de ver películas viejas antes de dormir, no te hace bien. -Estuve viendo noticias y el problema no son las películas, ni los políticos, María, el problema son los gatos que *hablan* en la madrugada. -El problema es que no te vas a levantar mañana y tienes consulta temprano. -Y termino tarde –añadí con sorna. -

¿Otra vez? –espetó indignada. -Sí, tengo un nuevo paciente de siete a ocho de la noche, pero no creo que se quede en ese horario. Sorbí el *té* y conforme su tibieza transitó por mi esófago me sentí paulatinamente reconfortado. -Pues ojalá, porque si sigues llegando tarde voy a empezar a pensar que tienes una amante y no te lo voy a permitir. -¿Amante? ¿De dónde sacas esas locuras mujer! –obviamente indignado. -Estás casado, no castrado... -Felizmente en ambos casos, María. -¿Y tus amiguitas del *feisbuk?* -¿Amiguitas? ¡Gárgolas, dirás! A esta edad ya ninguna puede ser considerada como *amiguita.* -¡Pues más te vale porque te capo! -Sería tu pérdida –agregué entre sorbos. -Y bueno, qué... ¿por qué dices que no se queda tu paciente en ese horario? -Parece ser un psicótico que sólo busca diagnóstico. No sé, hay que ver. -Bueno pues, ya me voy a la cama. Acábate el *té* y lava la taza, ya ves que se hace el hormiguerío. -Sí, gracias por el *té* –y la diarrea verde– que descanses. -Ah, y tenemos nuevos vecinos, si te da tiempo en la mañana por favor diles que estacionen bien su camioneta. -SÍ, yo les digo. Se marchó sin besarme y me quedé sorbiendo de a poco, como ausente, repitiendo en mi mente el aterrador lamento: ¡No-no-no-no-no-no!

* * *

Llegué *sólo* catorce minutos tarde. Esta vez elegí café. El viejo barbón revisó su libreta y después de una rápida ojeada, me miró. -La semana pasada mencionaste que alguien lee tu mente, ¿a quién te refieres? -No se Doctor, usted dígame. -¿Cómo podría saberlo? –preguntó con cierta indignación. -¿Y cómo podría *yo* saberlo? –reviré. Ante su desconcierto momentáneo proseguí: -Mire Doctor, aquí lo que tenemos son conjeturas. Difícilmente alguien toca a su puerta para presentarse como la persona que lee sus pensamientos. -Pero entonces, ¿cómo sabes que te leen la mente? -Porque mis pensamientos están constantemente siendo monitoreados, evaluados y no sólo los pensamientos, también mis sensaciones, emociones y actos. Recuerda usted la novela de Orwell? -Sí, sí la recuerdo, es decir, ¿te sientes vigilado, observado por el Estado? -Déjeme preguntarle algo, Doctor, ¿usted sabe quiénes son Julian Assange, *Wikileaks* y Edward Snowden? -Sí, sí se quiénes son – respondió con seguridad. -Ellos han revelado que existe un aparato de espionaje masivo a ciudadanos por parte de

Estados e instituciones mediante diversas filtraciones de información clasificada. Con la liberación de lo que en *Wikileaks* denominaron como *Vault 7*, se puso de manifiesto que la Agencia Central de Inteligencia (CIA) desarrolló un arsenal de herramientas informáticas para interferir con los aparatos electrónicos de uso cotidiano, para utilizarlos en actividades de espionaje, disuasión, hostigamiento, despretigio e inclusive asesinato. Dígame usted Doctor, teniendo certeza de que instituciones estatales de inteligencia cuentan con arsenales para, por ejemplo, usar la cámara y micrófono de su teléfono y videograbarlo en secreto, ¿se sentiría vigilado y observado? Miró de reojo el iPhone sobre la pila de papeles entintados. -¿Pero qué interés podría tener la CIA en espiarme? –preguntó con incredulidad. -No sé, pero no sólo podría ser la CIA, Doctor, porque la revelación también describe que la Agencia perdió el control sobre dicho arsenal informático y ahora está en manos de muchos. Digamos que esos programas maliciosos caen en manos de un delincuente que por algún motivo lo convierte a usted en su objetivo... o pudiera ser que su esposa decidiera contratar los servicios de un *hacker,* para averiguar si usted tiene una amante entre sus pacientes.

Digamos que la Secretaría de Hacienda está interesada en saber si usted declara impuestos completos... o tal vez, un paciente psicótico se encuentra interesado en su diagnóstico y decide averiguar lo que usted dice en lo privado. Dígame Doctor, ¿se siente usted observado?, ¿vigilado? -Errr... – alcanzó a proferir entre dientes. -Ahora dígame, Doctor, si estuviéramos teniendo esta conversación en 1930 y yo le estuviera narrando que es posible hervir agua en dos minutos, colocando el recipiente entre dos placas metálicas, tal vez usted no me creería, pero ciertamente compañías ligadas al ejército de Estados Unidos cocinaron carne y patatas en 1933, y bien podrían haber calentado café usando microondas, tal y como usted lo hace hoy en día. Si la tecnología de microondas está disponible para el calentamiento de alimentos y bebidas, por lo menos desde 1933, ¿sería posible que en la actualidad existan tecnologías que permitieran la lectura y la escritura del pensamiento, Doctor? -No sería posible... es muy complicado... el pensamiento es intangible –se atropelló a sí mismo contrariado. Pausó por un momento intentando ordenar sus ideas. -El pensamiento –continuó reafirmándose– es un proceso que se compone de ideas, imágenes, palabras y recuerdos organizados en maneras distintas, pudiendo constituir pensamientos convergentes, divergentes, laterales o lógico-racionales. -Correcto Doctor, pero ese proceso intangible ocurre en un entorno, dentro de un sistema organizado sujeto de ser medible o manipulado, de tal forma que si usted receta un medicamento determinado, puede afectar la psicofisiología del paciente y, digamos, disminuir la incidencia de pensamientos depresivos o compulsivos. -Sí, ciertamente es posible incidir en el proceso cognitivo mediante la afectación al sistema nervioso –afirmó introspectivo. -De igual forma es posible medir la actividad cerebral mediante electroencefalogramas y observar el proceso que tiene lugar durante el pensamiento, en tiempo real, mediante la Imagenología por Resonancia Magnética funcional (fMRI). Por lo tanto el pensamiento intangible parece no ser tan etéreo, ¿cierto Doctor? -Sí, pero de ahí a que el cerebro pueda ser *hackeado* como si fuese un teléfono inteligente, parecería fantasía –aseguró con lo que pudo ser impotencia. -Más bien un nicho de mercado, Doctor –prosegui– imagine las ventajas competitivas que podría usted tener en su práctica profesional si pudiera leer la mente y las emociones de sus pacientes. Ya no digamos las ventajas que supondría dicha tecnología en el área militar, inteligencia, seguridad, industrial, informativo, educativo, en fin, podría generar una industria en torno a sí misma. Digamos que usted se alquila como *Kalimán* y su cliente le pide que le reporte los pensamientos de su competencia, de su esposa, socio, empleado o jefe. Su cliente podría ser *Hollywood*, que le contrata para llevar a cabo el análisis de *focus groups*, buscando evaluar las emociones y pensamientos que evoca determinada película. ¿Y qué pasa si ese cliente es el ejército, las agencias de inteligencia o un gobierno dictatorial y fascista que busca contrarrestar rebeliones o disidencia política? ¿Y qué pasa si se trata no solo de leer sino de escribir pensamientos? Podría inducir a su socio a firmar un acuerdo lesivo, a su novio a firmar el acta de matrimonio y a su esposo a firmar el divorcio, podría inducir al error a su rival político o comercial, o influir en la gente en su entorno inmediato para complicarle la existencia. Podría inclusive gestionar pensamientos suicidas o autoagresivos para deshacerse de quien le estorba. Bien lo decía el séptimo hombre de la dinastía de la diosa *Kali*, aquella que tiene mil ojos para descubrir la mentira y cien brazos para castigar a los culpables: *Aquél que domina la mente, lo domina todo*. -Ciertamente Rogélio, si eso fuera posible tendría fuertes implicaciones en diversas áreas –añadió inquieto. -Sobre todo implicaciones éticas, morales y legales, Doctor. Supondría la aniquilación de la privacidad y la intimidad como la conocemos, así como una afronta a los derechos civiles y de propiedad intelectual, a mi parecer insalvables, que de alguna forma destinan a esta industria a operar en opacidad y el secretismo. La gente no parece haber recibido de buena manera la actividad que desarrolla la Agencia de Seguridad Nacional (NSA) y los contratistas de *Inteligencia*, espiando de manera masiva mediante dispositivos electrónicos, pero asumir que también la mente puede ser *intervenida* y todos sus pensamientos, recuerdos, vivencias, anhelos y secretos presentes y futuros, pueden resultar expuestos en tiempo real... ¡por usted mismo! ...podría resultar más difícil de aceptar y normalizar. Seguramente incrementaría su consulta significativamente, Doctor, atiborrada de los más frágiles de mente y espíritu ente nosotros. -Ciertamente sería difícil poder lidiar con ello –aseguró con autoridad. Podría generar paranoia generalizada, cuadros de ansiedad, depresión, tal vez inclusive suicidios –diagnosticó contrariado. -

Lamentablemente –aseguré con resignación. Pero por otro lado podríamos develar incógnitas milenarias, Doctor, ¿se imagina? Podríamos saber finalmente qué piensan las mujeres y ellas sabrían en que pensamos los hombres. Sabríamos en qué y cómo piensan los animales, tal vez inclusive controlarles, tal como lo haría el entrenamiento del tipo que proponía Pavlov, el Condicionamiento Operante, pero sin la necesidad de entrenar su cerebro a reaccionar a determinados estímulos, como la campana, sino simplemente dirigirles estimulando determinadas regiones en su cerebro. Tendríamos la capacidad de distinguir a los psicópatas o sociópatas y evitar que asuman cargos públicos, o evitar que se instituyan en poderes fácticos, inclusive llevarlos a juicio con base en sus propios recuerdos. ¿Llegó a ver la película de *Minority Report*, Doctor? -Sí, con Tom Cruise... donde evitan crímenes mediante la visualización del futuro. -¡Exacto! De alguna forma sería posible una impartición de justicia similar pero a la inversa, hacia el pasado, en donde no se dependiera de querellas, alegatos y pruebas, que terminan por constituirse en una verdad legal distinta a la realidad, sino que podría basarse en recuerdos, pensamientos, testimonios y confesiones de parte, sin necesidad de *tehuacanasos* o *water boarding*. Las posibilidades en la aplicación de esta tecnología son infinitas. Por supuesto, esta industria también daría lugar a aquellas herramientas y métodos para contrarrestarla, evadirla o simularla. ¿Ha notado que los líderes mundiales, por lo general viajan acompañados por auxiliares que cargan maletas medio pesadas y que no son precisamente el *balón nuclear*? -Bueno, bueno, pero no hay pruebas de que esa tecnología haya sido desarrollada y esté en uso... ¿cierto? – preguntó displicente. -Como mencioné anteriormente, es una industria que depende del secretismo y la opacidad, pero se encuentra ampliamente documentado su desarrollo y capacidad operativa. El pensamiento y el control mental ha sido objeto de estudio de los aparatos gubernamentales y militares por más de un decalustro. Ya en 1953, la División de Inteligencia Científica de la CIA, en coordinación con el Cuerpo Químico de la Dirección de Operaciones Especiales del Ejército de Estados Unidos, desarrolló el programa *MK Ultra*, con el objetivo de investigar y desarrollar armas químicas, biológicas, radiológicas y materiales capaces de emplearse en operaciones clandestinas para el control del comportamiento humano. A mí me parece, Doctor, que más de cincuenta años son suficientes para investigar y desarrollar la tecnología que sea capaz de leer y escribir el pensamiento, pero por supuesto, esa sólo es mi opinión. ¿Cuál es su opinión Doctor, piensa que es posible? -Es muy interesante lo que comentas, tus argumentos son convincentes, de alguna u otra forma había escuchado o leído sobre lo que comentas, pero nunca lo hilvané. Sin embargo me cuesta trabajo imaginar su funcionamiento, la manera en que podría ser posible. -A mí también me cuesta trabajo imaginarlo, Doctor, pero está bien documentado. -A ver –alentó interesado. -Inclusive *Facebook* está metido en esto, Doctor –adelanté mientras me disponía a sacar mi *smartphone.* Por lo que ellos mismos publican están desarrollando un sistema no invasivo capaz de –tititití, tititití, tititití– escribir 100 palabras mediante –tititití, tititití, tititití–. Perdí la atención del galeno. Se inclinó hacia la mesa repleta en papeles de entre los cuales extrajo otro iPhone visible y audiblemente alarmado, sólo para silenciarlo y acomodarlo paralelamente junto al otro idéntico dispositivo. -Lo siento –dijo con cierto pesar. El tiempo de la sesión se ha agotado y no tendría inconveniente en que termináramos las ideas que aún están en el tintero, sin embargo tengo un paciente en breve. Me parece que tendremos que dejarlo para la próxima ocasión. -Sin problema, Doctor. Cubrí sus honorarios y salí de ahí con una sensación extraña, en mi estómago algo se revolvía. Me sentí incómodo la mayor parte del trayecto a casa y no pude identificar el origen del malestar.

* * *

-Tome por ejemplo las armas climatológicas y geológicas, Doctor. ¿Cuáles son las probabilidades estadísticas de que una serie de terremotos en diversas ubicaciones y en el lapso de nueve meses ocurran a la misma profundidad, digamos a diez kilómetros de hipocentro, Doctor? -No lo sé, ¿cuál es la probabilidad? –preguntó intrigado. -¿Cómo voy a saber Doctor?, no soy Actuario, pero sólo en los primeros nueve meses de 2017 se registraron una serie de sismos a 10 kilómetros de profundidad: el 1 de Septiembre al sur de Perú; el 23 de Agosto en Iraq; el 18 de Agosto en la isla Ascensión en el Atlántico sur; el 8 de Agosto en Bordum, al oeste de Turquía; el 8 de Agosto también en el noroeste de China; el 30 de Julio en Irán, cerca de la ciudad de Farsan;

nuevamente el 20 de Julio en las costas del Mediterráneo, en Bordum y la isla griega de Kos; -¿Dices que fueron a la misma profundidad, Rogélio? -Sí Doctor, todos muy cercanos a 10 kilómetros de profundidad y hay más: el 11 de Julio en las costas de Almería, entre las costas de España y Argelia; el 8 de Julio en el sudoeste del Pacífico, en el archipiélago de Nueva Caledonia, cerca de la costa oriental de Australia; el 4 de Julio en Chile, al suroeste de la localidad de Constitución; el 12 de Junio en la costa oeste de Turquía, cerca de la ciudad de Esmirna; nuevamente el 27 de Mayo en Turquía, al noroeste de la localidad de Golmarmara; el 20 de Mayo en la costa de México cerca de Manzanillo; el 12 de Mayo cerca de la isla neozelandesa de Raoul; el 10 de Mayo en la región de las Islas Georgias del Sur y Sandwich del Sur... -No, ahí sí ya me estás cotorreando, Rogélio, ¿cómo que Sandwich del Sur? -Por esta, Doctor –anudando el dedo índice y pulgar para besarlos en juramento. Es un archipiélago deshabitado en el Atlántico Sur administrado por Reino Unido pero Argentina lo reclama. -*Okey...* pero qué me quieres decir, Rogélio. -En un momento, Doctor, aun hay más: el 9 de Mayo al sur de Japón, en las islas de Miyako en la prefectura de Okinawa;

el 24 de Abril en la zona central de Chile, al oeste de la ciudad de Valparaíso y un día antes, el 23 de Abril, en la región de Coquimbo, Valparaíso, O'Higgins y Santiago; el 18 de Abril en la región amazónica entre Perú y Ecuador; también el 18 de Abril al noreste de Afganistán cerca de la ciudad de Fayzabad; el 8 de Abril en Albania; el 5 de Abril en Irán, al sureste de la ciudad de Mashad; el 3 de Abril en Botsuana y otro en el oeste de Panamá, en la frontera con Costa Rica; el 10 de Marzo en las costas de Venezuela, cerca de la ciudad portuaria de Vela de Coro; el 24 de Febrero en Zambia, en el distrito de Kaputa... -Ejém... –espetó contrariado el viejo barbado– bueno, bueno, pero ¿a dónde quieres llegar, Rogélio? -Calmado malvado Doctor, no me distraiga que las fechas son importantes. Ya estoy por terminar: El 16 de febrero en Chile, al oeste de la ciudad de Coquimbo; el 10 de Febrero en Filipinas, al suroeste de Talisay; el 7 de Febrero al sur de Pakistán; el 18 de Enero en el centro de Italia, cobrándose la vida de trescientas personas; el 7 de Enero en el Océano Pacífico cerca de Canadá y finalmente el 28 de Diciembre de 2016 al noreste de Tokio. -Sin duda tienes buena memoria Rogélio, pero de ser que no hayas errado una fecha en tu interminable lista,

¿qué significa? -Significa que prácticamente todos los sismos de considerable magnitud como para llegar a los encabezados, durante los primeros nueve meses del 2017, han tenido prácticamente la misma profundidad y no es consecuencia de la fracturación hidráulica, ya que por ejemplo, en México los pozos de fracking se encuentran del lado del Golfo de México, de acuerdo con la información recopilada por el portal *CartoCrítica*, no en el lado del Pacífico en el que se sucedieron los terremotos. Pareciera también inverosímil que fuera una coincidencia, un fenómeno paranormal derivado del cambio climático, que ya ve que está de moda. Pero más importante aún, Doctor, si hiciéramos un cruce de información basado en las fechas, podríamos establecer que esos sismos están íntimamente relacionados con eventos políticos y geopolíticos, ya sea para motivar o incentivar decisiones trascendentales, agresiones flagrantes, contestaciones a agresiones o auto agresiones. Así las cosas, encontramos una *pistola humeante* en el terremoto de 7,2 grados que sacudió Irán e Iraq el 12 de Noviembre de 2017 a 10 kilómetros de profundidad según el Centro Sismológico Europeo Mediterráneo (EMSC, por sus siglas en inglés) y que dejó al menos 445 muertos y

7000 heridos, así como alrededor de 70.000 iraníes que perdieron sus hogares a causa del terremoto que se sintió en toda la región, desde Líbano hasta Kuwait, informó la agencia FARS citando a fuentes oficiales. Este terremoto tuvo lugar apenas unos días después de que Arabia Saudita prácticamente declarara la guerra al grupo armado libanés Hezbolá, que recibe apoyo militar de Irán, ante los reveses que sufrió el reino en Yemen y Siria. También es muy reveladora la ubicación y la discrepancia en la información: Este terremoto se registró, como mencioné, a 10 kilómetros de profundidad, a 204 kilómetros al noreste de Bagdad, y a 104 kilómetros al oeste de la ciudad iraní de Kermanshah, contando con cerca de 14 réplicas que han sido registradas en Irán después del terremoto. Por su parte, el Servicio Geológico de Estados Unidos (USGS, por sus siglas en inglés), señala que el terremoto ha sido de magnitud 7,2 y que el foco se registró a una profundidad de 33 kilómetros, a unos 32 kilómetros de la ciudad iraquí de Halabja. Todo un mensaje, si se toma en cuenta la numerología a la que son tan proclives, y el análisis que se realizaba sobre el pentagonismo por parte de los analistas, en esos días, en que Arabia Saudita declaraba la guerra al Líbano. Análisis e información confirmada, seguida de fuertes declaraciones por parte de líder de Hezbolá, Hasan Nasrallah, que forzaban al primer ministro del Líbano, Saad al Hariri, a regresar a su país "en cuestión de días" tras su polémica dimisión, que evidentemente había sido forzada por los sauditas y por lo tanto ilegal. Difícilmente podría pensarse que este terremoto es producto del *fracking* o fracturación hidráulica de hidrocarburos, siendo que esta tecnología no es común en la región, debido a los grandes yacimientos tradicionales de extracción de hidrocarburos, y la propiedad intelectual de los químicos utilizados en la fracturación hidráulica a los que no tienen acceso en la región. -Si es muy evidente Rogélio, bien podría interpretarse como que no pudieron exprimirle jugosos beneficios al desangramiento, ahora del Líbano, y les atacaron con un terremoto en represalia. Pero entonces, ¿sugieres que sólo podrían operar en un rango de diez kilómetros de profundidad? -No Doctor, por algún motivo durante este periodo se eligió ese hipocentro, probablemente porque mientras más superficiales son, menor es la energía necesaria para escalar la de *Richter,* pero son capaces de generarlos a diferentes profundidades. Si abordamos aquellos que no ocurrieron a diez kilómetros de profundidad y los relacionamos con algún evento político de relevancia, evidenciando que en el sismo existió un mensaje, podríamos incluir en la lista los temblores ocurridos en Turquía, en fechas cercanas a los sismos de Bordum y Kos, ocurrido a 4,4 kilómetros de profundidad, así como un terremoto de magnitud 6,3 en Argentina, cuyo epicentro se localizó a 144 kilómetros al nordeste de la ciudad de San Salvador de Jujuy, el 18 de Febrero y a 200 kilómetros de profundidad. De igual forma el ocurrido el 3 de Enero en la parte sur del océano Pacífico alrededor de las islas Fiyi, a 15 kilómetros de profundidad. Así mismo, resulta evidente que el sismo de magnitud 8,4 ocurrido en la costa mexicana del Pacífico y que se cobró la vida de cincuenta y ocho personas durante la madrugada del 8 de Septiembre de 2017, estuvo en conveniente concordancia con la agenda política en ese momento determinado, facultando una cohesión social artificialmente fabricada en torno a varios *desastres* simultáneos y distrajeron la atención pública de los escándalos de corrupción gubernamental ventilados días antes, además de facultar el despliegue de recursos humanos y técnica militar, en las zonas de mayor disidencia y resistencia social, en los estados de Oaxaca y Chiapas principalmente, cuyos pobladores y maestros se enfrentaron el día previo, durante tres horas, con efectivos desplegados para reprimir protestas masivas contra la visita de Peña Nieto, en lo que podría denominarse una declaración ciudadana de *persona non grata.* -También podría ser que estés *viendo moros con tranchetes,* Rogélio. -Más bien *narcos con machetes* Doctor... porque los científicos no pueden explicar la naturaleza de este terremoto en México, ya que el sismo ocurrió en la zona del país donde se localizan la placa tectónica de Cocos y la placa Norteamericana, sin embargo, en esta ocasión el terremoto no fue producto del deslizamiento o subducción de la primera placa sobre la segunda, sino producto de un evento inusual: una deformación en la placa de Cocos. Jascha Polet, sismólogo de la Universidad Politécnica de California en Estados Unidos, asegura que *los terremotos de esta magnitud suelen suceder en los límites de la zona de subducción, y no cuando se dobla una de ellas*, como fue en este caso. La sismólogo afirma que *el tipo de fallas que se producen aquí no suelen producir terremotos de esta magnitud. Han habido otros terremotos en los últimos cincuenta años de similar tipo y localización, pero ninguno que haya estado siquiera cerca de esta magnitud.* Por lo que este terremoto es un evento atípico y aun inexplicable, por lo menos en términos de la sismología moderna y en función de los últimos cincuenta años de registros. De igual forma, como ya le comentaba, estos terremotos tuvieron lugar en la costa del Pacífico en donde es inexistente la fracturación hidráulica, siendo que los pozos de *fracking* se sitúan a lo largo del Golfo de México. Curiosamente, Doctor, cuando esta información sobre los hipocentros recurrentemente a diez kilómetros de profundidad se ha hecho pública a través de redes sociales, los sismos han comenzado a variar en su profundidad a partir del 9 de Septiembre de 2017, como tratando de ocultarlo, pero evidenciando aun más el origen humano de estos terremotos. También, muy desconcertante Doctor, fue el *no sismo* que se registró en Tijuana, Baja California, así como en la vecina San Diego, California, el 3 de Noviembre de 2017, con una intensidad de 2,8 grados de magnitud, que fue catalogado como *un extraño fenómeno natural* ya que muchos residentes de la zona reportaron un movimiento de ventanas y puertas en sus hogares y pensaron que se trataba de un terremoto. Sin embargo, los servicios geológicos no registraron ninguna actividad sísmica en el lugar. El extraño *zumbido*, como varios testigos describieron al fenómeno, tampoco fue causado por ninguno de los aviones supersónicos de las Fuerzas Aéreas Navales de la Flota del Pacífico de Estados Unidos que operan en la zona, afirmó un portavoz militar estadounidense. Según informó Univisión en su momento, el sismólogo del Centro de Investigación Científica y Estudios Superiores de Ensenada (CICESE) Luis Mendoza Garcilazo sostiene que el *temblor* fue una *perturbación* provocada por el cambio de presiones atmosféricas o de temperaturas proveniente del océano Pacífico. *Les llamamos perturbaciones atmosféricas porque no se sabe su fuente u origen*, explicó el experto en su cuenta de Facebook. Mendoza Garcilazo también reveló que los instrumentos del CICESE midieron que esta *perturbación* se sintió como un sismo de 2.8 de magnitud y duró unos 8 segundos. El fenómeno fue registrado por las instalaciones del CICESE a lo largo de una franja de Baja California entre Playas de Tijuana y el valle de Mexicali. -¡Pero que extraño fenómeno Rogélio! –agregó el galeno visiblemente asombrado. -Ciertamente Doctor, pero regresando a los terremotos que comenzaron a variar de profundidad, un par de meses antes, el 10 de Septiembre de

2017 se registró un sismo en la Ciudad de México a 3 kilómetros de profundidad, pero de manera simultanea se registró otro sismo en Salina Cruz, Oaxaca, a 10 kilómetros de profundidad; también el 10 de Septiembre en Italia, a 8 kilómetros de profundidad; el 11 de Septiembre en Japón, al sureste de Iwo Jima a 56 kilómetros de profundidad; así mismo, el 11 de Septiembre se registró otro sismo en el golfo de Tehuantepec, reportado inicialmente a 13 kilómetros de profundidad y una intensidad de 4,8 en escala de *Richter*, pero posteriormente fue rebajado a 4,3 de magnitud y el hipocentro se determinó a 10 kilómetros de profundidad; el 12 de Septiembre de nueva cuenta en el golfo de Tehuantepec, a 48 kilómetros de profundidad; y por supuesto el terremoto del 19 de Septiembre de 2017 en México, que se cobró la vida de más de trescientas personas, ciertamente conveniente en la duplicidad de fechas con el terremoto de 1985 e igual de dramático, a juzgar por el desenlace de la niña *Frida Sofía*, que después de estar *enterrada* bajo los escombros de la escuela Enrique Rébsamen y tener al país, y a la aldea global, en vilo por más de 24 horas, en realidad la niña nunca existió. -Como *Timmy O'Toole*. –dijo el galeno sin reparo. -¡Ja! Ciertamente

Doctor. No sabía que fuera *fan* de *los Simpsons*. Siendo así, podríamos decir entonces que todo el asunto convirtió al Secretario de Marina en el *Jefe Gorgory*. -¡Ja! ¡Ja! –rió con soltura– ...y a Televisa en una peste para propios y extraños, Rogélio... la sensación general es que hubo *gato encerrado*. Se vio claramente el sentido *amarillista* de Televisa, que luego culpó al periódico El Universal de ser *uno de los primeros en traer la nota* en los medios en general. La indignación no sólo fue por la cobertura del fantasma *Frida Sofía*, o de *Mochíto* el de 1985, sino también por el sentido electorero y partidista de la distribución de la ayuda. Cínica y descaradamente reteniendo los víveres y ayuda, para luego re-etiquetarlos y ofrecerlos como moneda de cambio electoral. Se hizo tan patente que al Secretario de Gobernación, Osorio Chong, lo echaron entre gritos y *agua de riñón* en una zona de damnificados en la Ciudad, y luego, junto al gobernador de Morelos, Graco Ramírez, la gente, furiosa, les gritaba: *¡Que repartan, que repartan, que repartan!* y *¡Ratas, ratas, ratas!*, ¿Sí lo viste Rogélio? –dijo emocionado. -Sí Doctor, en protesta por la retención que hace el Sistema Estatal para el Desarrollo Integral de la Familia (DIF) de las donaciones de los ciudadanos. Pero no sólo a las ratas del gobierno y los partidos de centro y derecha. Al delegado de Xochimilco por el Partido Regeneración Nacional (*Morena)*, Avelino Méndez, lo sacaron a patadas, literalmente, por el oportunismo descarado. La Misión de Observación Humanitaria inclusive lanzó una alerta: *los partidos políticos, sin excepción, están lucrando políticamente con la tragedia lo que exhibe lo ruin y mezquinos que son, porque hasta de la desgracia ajena hacen negocio*. Para muestra, las cajas de supuesta ayuda humanitaria *para los bebés* que entre Peña Nieto y Angélica Rivera demostraban estar vacías en el colmo del cinismo. -Es el colmo –refunfuñó el barbado– así como también las *selfies* de la primera dama chiapaneca Anahí, !que vanidad¡ –continuó indignado. No se si sea posible generar sismos como afirmas, Rogélio, pero la gente que gobierna este país es tan ruin que serían capaces de usarlo en contra nuestra, sin mayor reparo. -Efectivamente Doctor, y como le comentaba, difícilmente podrían ser producto del *fracking* o fracturación hidráulica debido a que todos estos terremotos tuvieron lugar en la costa del Pacífico, en donde no hay pozos de extracción, siendo que todos los pozos se localizan en las costas del Golfo de México, en la zona del Atlántico. -

Muy interesante observación –dijo el galeno meditabundo. -Pero no se limita sólo a sismos –proseguí–, el mismo fenómeno se presenta en huracanes y tormentas tropicales. -Cómo Rogélio, ¿los huracanes también? -Sí Doctor, al término de la Segunda Guerra Mundial, la Marina de Guerra de Estados Unidos desarrolló el programa *Cirrus*, cuyo objetivo era modificar los huracanes mediante el bombardeo de nubes con yoduro de plata. *Cirrus* fue reactivado posteriormente, de 1963 a 1971, bajo la denominación *Stormfury (Furia de tormenta),* con la intención de manipular huracanes mediante el rociado y dispersión de yoduro de plata en la atmósfera. Entre 1967 y 1972 durante la guerra de Vietnam, la Fuerza Aérea de Estados Unidos emprendió la operación *PopEye,* cuyo objetivo era provocar lluvias torrenciales para impedir el flujo de armas y suministros a lo largo de la ruta *Ho Chi Minh.* Las lluvias provocadas fueron tan intensas que Estados Unidos y la Unión Soviética concluyeron en 1977 la Convención Internacional para la Prohibición del uso Militar o Cualquier Otro Uso Hostil de la Modificación del Medio Ambiente, dentro del marco del sistema de Naciones Unidas, en dónde se *reconoce que los avances técnicos y científicos pueden generar nuevas posibilidades respecto a la modificación del clima,* y se prohíbe su uso militar o cualquier otro que pueda ser considerado como hostil. Podría parecer que con la firma y ratificación de esta Convención, los intentos por usar el clima de manera hostil terminarían, pero no fue así. Hasta el 2012, la CIA tuvo su propio laboratorio de investigaciones sobre el clima, pero la agencia acabó viéndose obligada a cerrarlo porque el Congreso estimó que el objetivo de la CIA es *perseguir terroristas en cuevas, no osos polares en icebergs*, según la frase del senador republicano John Barrasso, del Estado de Wyoming. Como la CIA opera a manera de un gobierno paralelo, siempre encuentra una forma para evadir las restricciones institucionales, amén de ser la principal organización terrorista a nivel global, que entrena, financia y abastece a terroristas en cuevas de todo el mundo, principalmente en Medio Oriente, como se puede apreciar en Iraq, Libia y Siria. En fin, un año después, en 2003, bajo la excusa del estudio del cambio climático, la Academia Nacional de Ciencias (NAS), la CIA, la NASA y la Administración Nacional Oceánica y Atmosférica fondearon un estudio científico de veintiún meses de duración, cuyo objetivo declarado fue determinar si los seres humanos, mediante el uso de geoingeniería, serían capaces de alterar el medio ambiente y detener el cambio climático. La CIA se rehusó a esclarecer su rol dentro del estudio, pero Edward Price, un vocero de la Agencia, declaró que *es natural que en un tema como el cambio climático la CIA trabaje con científicos para entender de mejor manera este fenómeno y sus implicaciones en la seguridad nacional,* lo cual resulta inverosímil. Por su parte, Patrick Roddie, químico y activista de geoingeniería, promotor del grupo medioambientalista *Stop Spraying Us (Dejen de Rociarnos)*, asegura que el huracán *Harvey*, así como *Irma* y *José*, que azotaron el Caribe y la costa de Estados Unidos en Septiembre de 2017, han sido *fabricados* y creados por el hombre, tras estudiar las imágenes de la NASA en la herramienta interactiva *Worldview*, que permite ver nuestro planeta desde la perspectiva de los satélites. En su investigación el activista descubrió *pautas sospechosas en las trayectorias de los huracanes Harvey e Irma.* En concreto, Roddie asegura que en estas imágenes se distinguen *elementos plumosos, bruma y patrones de ola* que –destaca– son habituales en *las estelas de agentes químicos pulverizados*, lo que pone de manifiesto la existencia de *materiales de geoingeniería* alrededor de estos huracanes. Estos mismos patrones fueron encontrados en los huracanes *Katrina* y *Sandy*. Otro elemento importante en la manipulación de tormentas y huracanes parece ser el proyecto conocido como *HAARP*, un programa financiado por la Fuerza Aérea y la Marina de Estados Unidos, junto con la Agencia de Proyectos Avanzados de Investigación en Defensa (*DARPA*) y la Universidad de Alaska, cuyo objetivo declarado fue el de *estudiar las propiedades de la ionósfera y potenciar los avances tecnológicos que permitieran mejorar su capacidad, para favorecer las radiocomunicaciones y sistemas de vigilancia (tales como la detección de misiles)*. Estas instalaciones básicamente funcionaron durante 20 años estudiando las auroras boreales, según ellos, mientras que en Agosto de 2002 la Duma (parlamento) en Rusia, abordó el tema como crítico para los comités de Defensa y Asuntos Internacionales, emitiendo un comunicado de prensa firmado por noventa representantes y presentado al entonces presidente Vladimir Putin. El comunicado indicaba que *los Estados Unidos están creando nuevas armas integrales de carácter geofísico que pueden influir en la tropósfera con ondas de radio de baja frecuencia... La importancia de este salto cualitativo es comparable a la transición de las armas blancas a las armas de fuego, o de las armas convencionales a las armas nucleares. Este nuevo tipo de armas difiere de las de cualquier otro tipo conocido, en que la tropósfera y sus componentes se convierten en objetos sobre los cuales se puede influir.* Esos objetos sobre la tropósfera a los que hacen referencia los parlamentarios rusos son al final tormentas y huracanes. -No tenía idea de que la modificación del clima ya haya sido usada con fines militares, Rogélio. -Y no solamente militares, Doctor, sólo hace falta recordar los beneficios millonarios que reportaron en donativos George W. Bush, los Clinton y sus fundaciones para, supuestamente, aliviar a las víctimas del huracán *Katrina*, especialmente en Haití, pero que nunca llegaron a destino. Así mismo, pudo observarse con el huracán *Patricia* que *azotó* México en Octubre del 2015, que fue calificado como *el ciclón tropical más intenso jamás observado en el hemisferio occidental en términos de presión atmosférica, y el más fuerte a nivel global en términos de viento máximo sostenido,* sólo superado por el huracán *Tip* en 1979. Sin embargo, en la realidad fue un fraude en dónde el Fondo

Monetario Internacional (FMI) liberó recursos millonarios para desastres al gobierno mexicano, mediante erogaciones parciales que duraron meses, en lo que bien podía haber sido calificado, no como un devastador huracán, *el más peligroso del mundo*, como lo calificó Peña Nieto, sino como un poco de neblina, *lluviecita* esporádica, unos cuantos letreros urbanos y algunos cuantos damnificados tirados hacia la costa, como pudo observarse en los videos subidos desde la ciudad de Guadalajara, que se encontró en el centro de la trayectoria del *huracán* pitero... claro, siempre entre imágenes satelitales impresionantes y en medio de una psicosis colectiva generada desde el gobierno y los medios masivos, insuflada por agitadores en redes sociales, así como la gente genuinamente preocupada. El negocio de la catástrofe también resulta muy evidente durante la temporada de huracanes de 2017, con los huracanes *Irma, José, Katia* y *Harvey*. *Home Depot*, por ejemplo, tuvo un incremento en ventas por quinientos millones de dólares durante cuatro cuatrimestres posteriores al huracán *Sandy* y el mismo efecto se espera para *Harvey* e *Irma*. Las acciones de *Home Depot* y *Lowes Companies* se incrementaron 1.0 y 0.5 por ciento en la víspera de estos dos huracanes, así como un 4.5 por ciento para *USG Corp*, quien produce materiales para construcción. Los precios de la gasolina reportaron un alza récord en los últimos dos años, así como un incremento en el valor de las acciones de las refinerías, como *Phillips* y *Valero Energy*. Pero no sólo se queda en el encarecimiento de insumos para la construcción y energéticos. Son gigantescas firmas del mundo financiero que, con ingentes cantidades de dinero, se valen de las probabilidades de un siniestro para diseñar riesgosos instrumentos de inversión, a los cuales exprimirles jugosos rendimientos y que han denominado como *bonos de catástrofe*. El florecimiento de este tipo de bonos empezó en 1992, cuando el paso del huracán *Andrew* en Florida dejó mal paradas a las aseguradoras. Desde entonces, los inversionistas, generalmente familias ricas o fondos de pensionados, optaron por dejar dinero en estos papeles con jugosos beneficios: desde 2003 hasta 2016, este tipo de instrumentos ha tenido rendimientos positivos. Mediante este tipo de bonos las compañías *pautan* el siniestro: un huracán de tal categoría, un sismo de cierta magnitud o una inundación de determinadas proporciones. Si el desastre ocurre, técnicamente, el inversor paga, pero las *letras pequeñas* implican que si tras una evaluación técnica no se cubren todos los parámetros, el inversor queda eximido de responsabilidades o tendría que hacer apenas un pago parcial. En el sismo ocurrido en México en Septiembre de 2017, por ejemplo, el debate se ha centrado en determinar cuál fue la magnitud del mismo porque la diferencia entre 8,1 y 8,2 podría ser crucial para saber si el Estado percibirá recursos para la reconstrucción de las zonas afectadas o no. Lo curioso, Doctor, es que los principales interesados en promover este tipo de papeles, los *bonos de catástrofe*, son las aseguradoras porque, de esa manera, trasladan sus riesgos a inversionistas privados dispuestos a tomarlos a cambio de rendimientos positivos. Siendo que para recuperar pérdidas, se anuncian aumentos de nuevas primas, con pólizas más caras y con coberturas más reducidas. Un informe de *Morgan Stanley*, refiere que históricamente el sector de las aseguradoras experimenta un comportamiento *más favorable* en los días posteriores a cualquier catástrofe. En éstos bonos se mueven unos noventa mil millones de dólares y no sólo son emitidos por compañías, sino también por Estados y entidades financieras multilaterales como el Banco Mundial (BM) que participan en esas iniciativas.

México fue uno de los pioneros en poner en el mercado este tipo de instrumentos que, teóricamente, trasladan a privados la responsabilidad de una respuesta en casos de tragedias de marca mayor. Acciones como las de *Universal Insurance Holdings* y *HCI Group* subieron más de 12%, mientras que las de *Heritage* ascendieron espectacularmente a un 21%. Es decir, en la temporada 2015, con el *devastador* huracán *Patricia*, el Estado mexicano recibió los fondos para desastres provenientes del FMI cuando en realidad no había mucho que reconstruir, pero para la temporada 2017, cuando efectivamente destruyeron al país y la región Caribeña y del Golfo de México, entre huracanes por el lado del Atlántico y sismos por el del Pacífico, los inversores privados a los que el gobierno les trasladó la responsabilidad de la reconstrucción mediante estos *bonos catástrofe*, se lavaron olímpicamente las manos, otorgando apenas un 25 por ciento de los fondos necesarios para la reconstrucción del país. De igual forma, la liberación de fondos federales en Estados Unidos para rehabilitar el suministro eléctrico en Puerto Rico sufrió de retrasos injustificables, mientras el ejército de Estados Unidos desplegaba a sus fuerzas de élite en islas del Caribe, alentados por la Agencia de los Estados

Unidos para el Desarrollo Internacional (USAID), ligada a la CIA, en supuesta misión humanitaria y de rescate. El momento no puede ser más conveniente para una nueva movilización del ejército imperial, Doctor, ya que el mes previo, durante Agosto de 2017, se llevó a cabo la elección democrática de una Asamblea Nacional Constituyente en Venezuela, que relevó en el poder legislativo a una Asamblea Nacional írrita, en desacato y claramente terrorista, financiada y dirigida por las mismas Agencias Estadounidenses ligadas a la CIA, siendo esta elección en Venezuela, un paso significativo en la consolidación del anti imperialismo bolivariano y la soberanía de la nación con más reservas probadas de petróleo en el mundo, así como abundantes yacimientos de gas natural, hierro, oro, diamantes, bauxita, energía hidroeléctrica, entre otros recursos y que es percibido como una amenaza para el *Imperio*, a juzgar por los continuos embates de la Casa Blanca, mediante sanciones y declaraciones hostiles hacia el gobierno bolivariano de Venezuela. De esta forma, Doctor, todos ganan excepto por los miles y en ocasiones millones de damnificados, así como la sociedad en general, ya que el miedo por la creciente magnitud de los desastres naturales augura que habrá un mercado fecundo para la *industria de la catástrofe*. Dicen que sumar es tan sencillo como uno más uno, Doctor. Si juntamos la posibilidad de generar catástrofes naturales mediante dispersión química y ondas de radio de baja frecuencia, más los jugosos rendimientos para gigantes financieros, pensionistas, aseguradoras y familias ricas, tenemos la receta perfecta para un genocidio sistemático, tan inhumano como lucrativo. -¡Pero que hijos de puta! –exclamó abruptamente. No se que cara habré puesto que prosiguió visiblemente apenado: -Disculpa Rogélio, pero es que no es posible tanto cinismo. -No tiene nada por qué disculparse Doctor, son unos hijos de su re chingada madre que pretenden hacernos creer que todo esto es producto del cambio climático y hay que culpar a Donald Trump por ello, pero sin notar al señor que está detrás de la cortina, moviendo las manivelas de un Apocalípsis fabricado mediante ingeniería social, productos financieros inmorales, gobiernos y agencias de corte fascista y armas geofísicas, mientras las élites y el *establishment* se regocijan en dividendos. -Ciertamente pareciera que estamos viviendo el Apocalípsis, pero esto ya es el colmo –profirió angustiado. -Ciertamente Doctor. Lo que le intento decir, es que basado la información objetiva disponible, las armas geológicas y climatológicas son una realidad indiscutible, así como la tecnología capaz de leer y escribir el pensamiento, aunque claro, usted bien podría pensar que estoy loco. -Aun no Rogélio, de ninguna forma es concluyente, lo cual me lleva a preguntarte qué quieres hacer, esta es la tercera sesión de evaluación y parece que los temas son más amplios de lo que podemos abordar en una hora. Aun tenemos varios asuntos que atender para poder emitir un diagnóstico que se corresponda con la realidad. ¿Crees que sea posible vernos, digamos, dos o tres veces más? -Sí Doctor, sin problema, como le dije al inicio yo estoy aquí por su diagnóstico. -Que así sea entonces –sentenció. -De igual forma –prosigió– el tiempo de esta sesión está por agotarse, pero no tengo nada que me apresure, por lo que si tienes tiempo hoy podríamos extendernos un poco más e intentar avanzar lo más que se pueda. Lo dudé un instante, pero finalmente accedí. En realidad no tenía nada mejor que hacer. -Pero el punto inicial del que partimos –inquirió– fue de qué forma crees que sea posible la lectura del pensamiento, en ese tema nos quedamos la semana pasada y nos desviamos a los terremotos y huracanes. -Sí Doctor, es cierto. Los científicos ya son capaces, abiertamente, de realizar la lectura del pensamiento. La empresa automotriz Jaguar y la NASA desarrollan activamente una tecnología llamada *Mind Sense*, con la cual es posible analizar las ondas cerebrales y determinar si el conductor está lo suficientemente alerta y en condiciones de manejar. La BBC por su parte, desarrolló un control remoto para sus sistema de televisión por cable *iPlayer* para controlar el televisor con el pensamiento. En la Universidad de California se desarrolla un decodificador con el que, después de calibrarlo mediante la lectura de pasajes, es posible determinar el monólogo interno de una persona. -¡Qué horror! –profirió mientras cubrió su boca con las manos. -Ciertamente Doctor. De igual forma, la Universidad de Binghamton ha desarrollado un aparato mediante el cual es posible identificar a una persona mediante la forma en que reacciona el cerebro ante ciertas palabras. En Japón, el científico Yukiyasu Kamitani desarrolla aparatos con los que es posible saber qué está soñando un individuo mediante el uso de Imagenología por Resonancia Magnética funcional (fMRI) y el aprendizaje de máquina, el cual es usado por la inteligencia artificial. Científicos en la Universidad de Radboud en Holanda son capaces de determinar las letras que una persona imagina, pudiendo reconstruirlas en una pantalla. En el Instituto Max Planck junto con la Universidad de Oxford, usando fMRI son capaces de determinar lo que una persona está por hacer, mediante el análisis de los patrones de la corteza pre frontal del cerebro. -¿Como en *Minority Report*? -Así mismo, Doctor. En la Universidad de Yale se desarrolla tecnología para reconstruir caras mediante los recuerdos de los sujetos de estudio. De igual forma, en la Universidad de Carnegie Mellon son capaces de reconstruir frases completas y pensamientos complejos, no sólo palabras aisladas y pensamientos unitarios. En la Universidad de Washington, en Seattle, desarrollaron un programa mediante el cual es posible predecir lo que una persona está viendo, mediante el análisis de la actividad del lóbulo temporal. Así mismo, el neurocientífico Álvaro Pascual-Leone y *Starlab* en Barcelona, fueron capaces de establecer una vía de comunicación de cerebro a cerebro entre dos personas, una en Francia y la otra en la India. -¿Cerebro a cerebro? ¿Te refieres a telepatía? –preguntó el galeno ciertamente asombrado. -Cercano a ello, Doctor. Inclusive *Facebook* está desarrollando un sistema capaz de teclear mediante el pensamiento y *escuchar* mediante la piel. Por lo que se sabe, un equipo de sesenta científicos encabezados por Regina Dugan, que laboraba antes para *Google*, trabajaban en desarrollar una tecnología no invasiva que permita teclear cien palabras por minuto usando únicamente ondas cerebrales, y en términos de escuchar con la piel, lo que pretenden es reemplazar la cóclea auditiva al transformar las sensaciones hápticas en pensamientos discernibles, o digamos, saltarse el aparato auditivo y usar la piel como receptor de información auditiva que resulta en pensamientos determinados, sin importar el idioma en que se hable. -Carajo Rogélio, ¿estás seguro de que esto es posible? -Está documentado hasta la saciedad, Doctor, sólo tiene que teclearlo en un buscador de internet. Ahora bien, si empresas y particulares desarrollan activamente tecnología capaz de leer el pensamiento a este nivel operacional, ¿en dónde cree que estamos en términos de tecnología militar? -Seguramente muy adelantados. -Exactamente Doctor, exactamente. El galeno quedó en silencio, meditabundo, con la mirada hacia su universo interior. No quise interrumpir su estupefacción. -Tiene implicaciones profundas, Rogélio –dijo finalmente, más para sí mismo que para que yo le escuchara. Si bien es cierto que puede usarse con fines de inteligencia y militares como refieres, también podría generar una revolución en términos médicos. Supondría una solución a la sordera, mitigaría los efectos del Síndrome de Enclaustramiento derivado de Eventos Vasculares Cerebrales, de la Esclerosis Lateral Amiotrófica... -Efectivamente Doctor –interrumpí abruptamente. Se dice que el científico Stephen Hawking, que padece ese tipo de esclerosis, se comunica a través de un dispositivo conectado a su mejilla izquierda, sin embargo, siempre me pareció extraño que sus discursos y ensayos usaran un lenguaje amplio y abundante... y ahora que lo pienso, nunca vi su mejilla moverse. De todas formas nunca pude entender cómo sería posible dictar e interpretar palabras tan variadas y conceptos tan complejos sólo con los movimientos de una mejilla. Por un tiempo pensé que a Hawking lo usaban como vocero de un grupo de científicos, que redactaban los ensayos y discursos en su nombre, pero después de conocer los alcances del desarrollo y la capacidad actual para leer el pensamiento, lo más seguro es que tenga a su disposición un sistema que le permite traducir su pensamiento en palabras y en acciones, digamos de su silla de ruedas, liberándolo del ostracismo que representa la enfermedad que padece... -Es muy interesante lo que comentas –interrumpió sin reparo–, pareciera entonces que la tecnología capaz de leer el pensamiento es una realidad para determinados individuos, corporaciones o gobiernos. -Y es ahí dónde está en *quid* del asunto, Doctor, o como diría Cantinflas: *ahí esta el detalle*. De entrada la lectura y escritura del pensamiento debería ser consensual, voluntaria e informada para todos, no sólo para las élites. Y como toda herramienta desarrollada por el hombre, la problemática radica en el sentido que le damos a su uso. Es decir, como con la energía nuclear o cualquier otro desarrollo tecnológico de envergadura, es posible usarlo para fines pacíficos, médicos, científicos, pero también es posible imprimirles un sentido bélico y destructivo, por lo que su uso debería estar regulado y democratizado, con un fin constructivo claro y no como una herramienta de laboratorio de ingeniería social, en dónde el *Truman Show* adquiere una nueva dimensión de perversidad e invasión de la privacidad, por lo que... –tititi– parece que tendremos que continuar en otro –tititi– momento ¿verdad, Doctor? –Si Rogélio, –dijo visiblemente cansado– nos hemos prolongado por más de dos horas en esta consulta. Noté que esta vez el iPhone alarmado había sido reemplazado por un viejo despertador electrónico que tintineaba... Cubrí sus honorarios y salí de ahí. Caminé por la obscuridad de la noche rumbo al lugar dónde finalmente me pude estacionar, pensando, absorto en recuerdos y precisiones sobre la maratónica charla recién terminada, repitiendo y reconstruyendo diálogos, reacciones, expresiones faciales, timbres de voz, el énfasis de las palabras. Terminé por encontrar mí automóvil, tal vez después de quince minutos de *parkour* forzado.

* * *

-A ver Rogélio, con respecto al tema que mencionaste... de poder comunicarte con los animales y viceversa, ¿qué me cuentas? -Es parte de lo mismo. -¿A qué te refieres? -Es muy simple, Doctor, los seres humanos somos animales, es decir, también pertenecemos al reino animal. En todo caso, los mismos principios tecnológicos que facultan la lectura e inducción del pensamiento pueden ser usados para la manipulación de otras especies del reino animal. Contando con esa tecnología funcional para seres humanos, qué le impediría, digamos, utilizar a los animales caseros o silvestres como puntos de referencia, vigilancia, recolección de información e inclusive, por qué no, como sicarios para llevar a cabo asesinatos. -Sí, bueno, –aventuró condescendiente– si asumimos que la lectura e inducción del pensamiento en humanos fuera posible, nada limitaría que lo mismo pudiera hacerse en otras especies, cuyo sistema nervioso funciona de manera similar. Pero tendría que haber alguna referencia clara, algún evento incontrovertible que separara claramente un evento, digamos, natural, como lo es que las especies salvajes cacen o maten a un ser humano, de aquellos que pudieran ser producto de la intervención humana. -Estoy totalmente de acuerdo con usted, Doctor. Me sentí alentado y reconfortado por descubrir afinidad con el proceso de razonamiento del galeno, más allá de *Freud*. -Como bien indica –proseguí entusiasmado– es difícil segregar. Por ejemplo, en Septiembre de 2017, un perro de raza *Staffordshire bull terrier*, acabó con la vida de su dueño mientras este participaba en un documental de la BBC, al norte de Londres, sobre *El mapa de las drogas de Gran Bretaña*. El hombre, llamado Mario Perivoitos, regresó esa noche a su casa tras haber consumido cocaína, se sintió mal, se acostó y sufrió un ataque epiléptico. Fue ingresado en un hospital con graves heridas en el rostro y el cuello, una severa hemorragia y la laringe aplastada, que le provocaron la muerte poco después. Esos movimientos convulsivos podrían haber provocado la reacción violenta del animal, de acuerdo con lo que concluyó el forense Andrew Walker. -Ciertamente, las convulsiones presentes en los ataques epilépticos pueden generar reacciones violentas en los animales –concordó con aplomo. -Efectivamente, Doctor, pero era su perro, no el del vecino. Lo que quiero decir es que cuando pacientes con epilepsia entran en crisis, sus mascotas reaccionan con angustia, pesar y temor, más que con violencia. -Podría ser, pero no sabemos si era su primer ataque epiléptico y en todo caso, también hay mascotas que atacan a sus dueños –afirmó con argucia, sosteniendo su postura. -Ciertamente Doctor. Soportando su objeción, en la orina del perro encontraron una cantidad de cocaína y morfina ocho veces superior a la permitida para un conductor, drogas que el perro había ingerido o inhalado e influyeron en su comportamiento. -Ciertamente Rogelio, bien podría tratarse simplemente de un desafortunado evento con drogas recreativas. Yo recuerdo en mis años mozos, cuando mi ahora esposa y yo realizábamos el servicio social en un hospital en Puebla, a veces, de vez en cuando, algún compañero de facultad sacaba un carrujo de marihuana. No porque nosotros fumáramos, por supuesto, pero había que ser hospitalarios con los invitados. En ese entonces teníamos un perrito que en un descuido se comió la mota, o eso concluimos, a juzgar por la misteriosa desaparición de la hierba y los trompicones que daba el condenado. Se perseguía felizmente la cola, corría al rededor de un mueble, jugó con los otros perros que andaban de visita, bebió agua como loco, sólo para regresar al eterno juego de perseguir su cola. Nos causó tanta gracia verlo feliz y tan *pacheco* que todos le apapachamos y dimos cosas diferentes de comer, para que lo experimentara en un estado alterado de conciencia. Chupó paleta de hielo, comió helado, quesadillas, jitomates, carne, botanas, de todo. Naturalmente hubo que darle también a los otros perros. Finalmente cayeron rendidos en sueño. A lo que voy, Rogélio, es que este perro bien podría haberse drogado solo, con drogas mal guardadas y reaccionó violentamente ante las convulsiones epilépticas del dueño. -Ciertamente pareciera un evento desafortunado, Doctor. Pero qué pasa cuando las circunstancias o el instinto del animal no juega a favor, sino en contra –dije insidioso. -¿Cómo? -espetó contrariado mientras sus cejas describieron una parábola positiva y sus ojos se hicieron pequeños entre los pómulos abultados. -Sí Doctor, mire, otro ejemplo. También en Inglaterra, pero esta vez en *New Hampshire*, Dan Brandon, de 31 años, fue encontrado sin vida en su casa junto a una de sus mascotas, una serpiente pitón que se había salido de su jaula. Los servicios de emergencia que acudieron al lugar afirman que Brandon presentaba lesiones graves. La investigación concluyó que se trató de un fallecimiento *no sospechoso* y apuntó al reptil como posible responsable de su fallecimiento. Lo cierto es que en sus cuentas en las redes sociales abundan las imágenes en las que Brandon aparece junto a reptiles, incluyendo una serpiente pitón de tres metros y medio de longitud. Si se confirma que la muerte fue causada por la serpiente, sería el primer caso en el Reino Unido jamás registrado. Los expertos aseguran que las pitones sólo matan cuando tienen hambre. Amigos de Brandon le han dedicado una página web para recaudar dinero para el Fondo por la Naturaleza en su honor, y recuerdan que el fallecido *tenía obsesión por toda la vida silvestre*. -Este ya está más sospechoso –aventuró intrigado– difícilmente alguien descrito como obsesionado con la vida silvestre olvidaría alimentar a una pitón por tanto tiempo, como para que representara un peligro para sí mismo. -Efectivamente, Doctor... -Aunque tampoco revela mucho –interrumpió entusiasmado. Si tenía contacto frecuente con animales peligrosos e inclusive vivía con ellos, podría ser que su muerte fuera consecuencia del ataque de otro animal, o que hubo un asesino y este liberó a la pitón para incriminarla, o que son dos eventos inconexos, en donde la pitón se salió sola y el asesino abandonó la escena, inclusive podría ser que los investigadores estuviesen ocultando algo en su investigación y han decidido culpar a la serpiente. -Efectivamente Doctor, ciertamente es inconcluso pero revelador. Permítame entonces presentarle un último caso, que a mi parecer es concluyente y debería enmudecer sus suspicacias. Un hombre identificado como *Syarifuddin*, de 41 años, estaba bañándose con algunos amigos en las aguas del río Lempake, en el distrito de Berau, en la parte indonesa de la isla de Borneo. Testigos presentes en el lugar indicaron que cerca de las 18:20 horas, un enorme cocodrilo arrastró por debajo de las aguas a uno de los bañistas. Un amigo de la víctima, Andi Resmin, señaló que un grupo de amigos estaban juntos en el agua y que el cocodrilo simplemente se abalanzó sobre *Syarifuddin* y se lo llevó. Desde entonces no volvieron a verlo. Sus familiares emprendieron su búsqueda en compañía de funcionarios policiales, pero al no poder ubicar el cuerpo se supuso que el cocodrilo lo habría llevado a las profundidades del río Lempake. Amigos de la víctima contactaron a un practicante de magia negra, quien lanzó un hechizo para que *Syarifuddin* regresara vivo. El inspector de policía, Talisayan Faisal Hamid, indicó que ante los reportes de un ataque de cocodrilo realizaron una búsqueda esa noche y no encontraron nada. De forma asombrosa y aunque sin vida, el cadáver del hombre surgió a la mañana siguiente de las aguas del río, transportado entre las mandíbulas del enorme animal y ante la mirada atónita de varios aldeanos que registraron la escena en video. El cadáver sólo presentó lesiones del lado derecho del tórax, lugar donde lo sujetó la bestia. Para los que presenciaron esa escena, no hay duda en que gracias al encantamiento del brujo, el enorme cocodrilo estuvo vigilando y entregó el cuerpo de la víctima. El inspector Hamid indicó que le parecía muy extraño que tres cocodrilos habían emergido esa mañana de las aguas, sugiriendo que el cadáver había sido protegido por las tres bestias para que no fuera devorado y entregarlo con sus propias fauces esa mañana. -Escalofriante historia, Rogélio, ¡me pusiste la *piel de gallina!* -No es para menos, Doctor, en este caso estamos ante el hecho incontrovertible, documentado inclusive en video, que describe a tres cocodrilos que evitaron devorar una presa y la salvaguardaron en las profundidades del rio durante una noche, sólo para entregarlo a la mañana siguiente, prácticamente intacto, ante la mirada atónita de los lugareños, lo cual describe un comportamiento que va en contra del instinto del animal y que lo coloca como protagonista de una circunstancia completamente atípica. Diluida la posibilidad de que sea un evento natural, la misma historia nos presenta la respuesta alternativa sobre un discurso *sobrenatural* en las manos del brujo. Por lo tanto estamos ante la disyuntiva de creer que ese extraño suceso fue por la acción chamánica del brujo, o como consecuencia del uso de tecnología para el control del comportamiento animal, como si se tratara de un arma. ¿Qué es más plausible, Doctor? Usted se dice un hombre de ciencia –lo reté. -Definitivamente esto que cuentas no puede ser descrito como un comportamiento natural o normal, Rogélio. No encuentro cómo podría explicarse que los lagartos no hayan guardado la presa, atorado entre ramas o raíces, como suelen hacerlo cuando han capturado una presa sin tener hambre. Pudiera ser que lo hayan atorado y se haya zafado, flotando a la deriva hacia la superficie, pero eso no explica el que sólo tuvo lesiones en donde lo sujetó el cocodrilo, ni por qué habría de regresarlo el mismo animal a la mañana siguiente. -No se explica, Doctor. En realidad sólo nos faltaría un móvil para contar con una *pistola humeante*, o en este caso unas *fauces humeantes*. Por desgracia no hay mayor información a la mano sobre *Syarifuddin*, ni se menciona que tuviera algún cargo público, fuese activista, narcotraficante, infiltrado o algo que nos pudiera referir a la motivación del posible ataque. -Tal vez el objetivo fue apuntalar la credibilidad y posición del brujo en esa comunidad –añadió intrigado, casi sorprendido de la conjetura que el mismo galeno aventuraba. Me sentí orgulloso del él. -No se, Doctor –finalmente le dije–, ciertamente en Indonesia existe la figura del *pawang buaya* o chamán encantador de cocodrilos, que entre otras cosas previenen los ataques y rescatan cuerpos de sus víctimas en cuerpos de agua infestados. En una sociedad animista y politeista como lo es Indonesia, ciertamente son figuras con poder social que lidian entre el espectáculo y lo sobrenatural. A falta de un móvil claro en un evento tan fuera de lo ordinario, Doctor, podría no ser un ejemplo definitivo y concluyente, pero ciertamente sospechoso. -Estoy de acuerdo en que podría haber *gato encerrado*, pero esto no me aclara qué relación tiene contigo, Rogélio. -Ah, claro Doctor, ya recuerdo que estamos aquí para hablar de mí... en mí caso, siempre he tenido una buena relación con los animales, en especial con los perros. Es común que dueños de perros oscos, protectores o malhumorados se sorprendan de lo bien que me reciben y tratan. Más allá de esta, digamos, particular *buena vibra* con los perros, nunca tuve mayor polémica con ellos. Sin embargo, hace un par de años, me mudé temporalmente al sureste del país por motivos de trabajo. Habré estado unos veintiún meses en la Rivier*a Maya*. Sin embargo, las cosas se comenzaron a poner extrañas una noche en la que estaba editando un *meme*. -¿Un *meme*, Rogélio, como los que suben a redes sociales? -Sí Doctor, así mismo. Sí sabe que los *memes* son una de las maneras más potentes de comunicar un punto de vista en la era digital, ¿verdad? -Bueno, sí son muy llamativos y divertidos. -Pero sobre todo poderosos, Doctor. El presidente de Grupo Televisa, Azcárraga Jean, confirmó en Agosto de 2016, el cierre del Canal 2 de televisión, su canal insignia, redirigiendo el foco hacia toda una plataforma de comunicación, más allá de un sólo canal. Durante la misma entrevista se refirió al cambio tecnológico como *vertiginoso* en los últimos veinte años y habló de las redes sociales, considerando que *los mexicanos somos los mejores creadores de memes* y que eso debe incorporarse en los nuevos contenidos: *La creatividad de los memes* -dijo- *eso es lo que debemos usar*. -Sin duda son muy creativos –señaló avispado el barbado–, llamativos... transmiten mensajes cortos, ilustrados y de fácil recordación. -Ciertamente, Doctor. Durante la edición de la imagen, se acercó trepando por la pared una lagartija güera, de esas que abundan en zonas costeras, húmedas y calientes, y que producen un sonido metálico, como si estuviesen golpeando una moneda en un poste de hierro, ¿las ha visto o escuchado, Doctor? -Sí, sí las ubico, parece como si se estuviesen riendo cínicamente. -Ésas Doctor, pues se acercó paulatina y despreocupadamente hacia el monitor del ordenador sobre el marco de la ventana, parecía intrigada por la pantalla. La noté en varias ocasiones pero no le di mayor importancia. Cuando finalmente terminé la edición, descubrí que la creación me hacía pensar, pero también me divertía y me eché a reír, para mi sorpresa, junto con la cínica lagartija que parecía encontrar el *meme* tan gracioso como yo. No fue sólo una coincidencia en el momento de ambas risotadas, sino varias secuencias de carcajadas de ambas partes y de la manera más inusual, en dónde a mí me pareció que el reptil y yo realmente conectamos. Lo dejé pasar como una anécdota inusual y divertida, Doctor, pero con el tiempo los eventos curiosos con lagartijas risueñas se volvieron más recurrentes y sistemáticos. No sólo era esa lagartija, sino que se involucraban varias, muchas. A veces lo hacían al unisono, a veces se desencadenaban las risotadas en cascada, tal vez en una treintena de lagartijas dispersas en los árboles y tejados, pero por lo general siendo sólo una. La podía oír detrás de los muros, puertas, debajo de las escaleras, tras el balcón, en las ventanas, pero también a la distancia, en la casa de al lado, en la banqueta, en las copas de los árboles, a lo lejos. No importaba que me alejara de la casa, las lagartijas risueñas eventualmente se manifestaban en caso de ser necesario. De inicio fue perturbador, pero cuando hube superado un poco el desconcierto, empecé a notar un patrón. No eran risotadas aleatorias, sino que poco a poco empecé a entender que sus manifestaciones estaban íntimamente relacionados con lo que me encontraba pensando. Casualmente, en esos momentos me encontraba recopilando información respecto de los desarrollos tecnológicos para leer la mente y fue, hasta cierto punto, fácil tejer la relación. Posteriormente me di cuenta de que las carcajadas metálicas más bien funcionaban como una alarma o indicador, más allá de tener un sentido propio, una afirmación o negación, un mensaje en todo caso. El galeno se levantó como un resorte del reposet, secó el sudor de sus manos en los muslos y visiblemente pálido se disculpó. -Voy a tomar un poco de agua Rogélio, de hecho, ¿no se te antoja un café? Sin esperar mi respuesta se dirigió a la mesa de servicio y comenzó a preparar dos tazas visiblemente agitado. Le ofrecí ayuda pero se negó. Cuando estuvo listo regresó con ambas tazas y sin plato ni servilleta los depositó en la mesa. Me entregó uno y se quemó levemente los dedos, a juzgar por el gesto en su rostro al entregarme la infusión. Regresó a su lugar y finalmente continuó. -Y dices que estas lagartijas, ¿como cada cuando se comunican contigo? ¿Es constante? -Sí, constantemente, varias veces al día en ocasiones, algunas otras pasan algunos días sin manifestarse, depende de lo que me encuentre haciendo, o pensando. Pero no son sólo lagartijas, Doctor, como le comentaba me parece que es posible observarlo en cualquier especie, siendo que de primera mano sólo podría confirmarlo en ranas y lagartijas, así como en insectos. -¿Insectos? –preguntó. -Sí, Doctor, de manera indirecta. Mi cocina parece haberse convertido en un auténtico campo de batalla entre cucarachas y lagartijas. No con esto quiero decirle que vivo entre la inmundicia, Doctor, por favor no me mal entienda. Por el contrario, ésto ha hecho que tenga que ser muy limpio. En suma, veo ocasionalmente cucarachas como en la cocina de cualquier persona, no muy a menudo, pero hay temporadas en que puedo ver los restos de la batalla recién levantado en la mañana. Alas de cucaracha o sus restos, principalmente. Hay algunos de éstos individuos y Agencias que están interesadas en perjudicarme y utilizan cucarachas, tal vez para intoxicarme o introducir algún patógeno en mis alimentos o bebidas. Pero también hay otros que haciendo uso de tecnologías y estrategias similares, lo evitan.

Imagínelo como un juego de video, Doctor, o como controlar un carro de control remoto o un dron, pero en vez de ser un carro o un helicóptero es una cucaracha, una lagartija o una rana librando obstáculos. La suelta, digamos en un lugar estratégico personalmente, o con ayuda de su asistente y controla al animal con los mandos similares a los de un *Xbox*, comandándolo a distancia, filtrándolo por un hueco, una alcantarilla o una rotura en el miriñaque. Los objetivos pueden ser variados, puede ser que la cucaracha sea el vehículo de otros parásitos, alimañas y sustancias, o también el arma. Por ejemplo, en un hospital de la ciudad india de *Chennai* en 2017, tuvieron que retirar una cucaracha de una cavidad en el cráneo a una mujer de 42 años, procedimiento que no fue nada fácil. Estaban ambas con vida en el momento de la intervención. El insecto penetró en la cavidad a través de una fosa nasal mientras la mujer dormía. La víctima se despertó con una fuerte picazón entre los ojos y tras tres visitas a los médicos no lograba ningún alivio, porque se desconocía la causa de esa terrible sensación. Finalmente, la operaron en el hospital del Colegio Médico *Stanley* con un endoscopio y le extrajeron un ejemplar bien maduro de cucaracha desde una región próxima al cerebro. La intervención duró 45 minutos y el cirujano aseguró que era el primer caso en sus tres décadas de práctica en que sacaba a una cucaracha viva de un paciente. -¡Qué horror! Ciertamente, Doctor, pero tiene que entender que en mí caso esto que le narro es sólo la punta del iceberg. De manera subyacente, quienes lo llevan a cabo son infiltrados o topos, los *spooks* como les dicen los gringos. Con los años he reconocido a varios, de los mas variados tipos. -¿Cómo? No me queda claro qué son los *spooks*, Rogelio –dijo aún contrariado. -Son personas infiltradas en su vida que están ahí para cumplir con una labor en específico. Pudiera ser que sólo requieran mantener una amistad perdurable con usted e influirle a lo largo de su vida. Pudiera ser gente tan cercana como un familiar, un colega, un amigo de la infancia o gente más ocasional, como un vecino que recién acaba de mudarse. Son estos, los más cercanos a dónde vive o trabaja, los que ejecutan las operaciones de vigilancia y asedio en nuestra contra. Si usted pudiera adquirir una cámara infrarroja, como las que venden hoy en día no muy caras y que son como las que utilizan los voluntarios, para encontrar cuerpos entre los escombros de los edificios derrumbados por terremotos, los vería a través de las paredes de su casa, viéndolo a usted de regreso con otra cámara similar. Por lo tanto, hay que asumir que las paredes ya no significan ningún tipo de privacidad, sino tan sólo para el que se encuentra dentro, aislado en una caja de cristal cuyo polarizado se encuentra reflejando desde adentro. Proporcionándonos una falsa, muy falsa sensación de seguridad y privacidad. -¿Tienes alguna idea de quienes podrían ser esas personas? –preguntó ansioso. -Depende del entorno, Doctor. Mire, a Fidel Castro Ruz, líder de la Revolución Cubana y connotado anti-imperialista, la CIA lo intentó asesinar más de seiscientas veces. Los intentos para lograr su desaparición física comenzaron desde el mismo momento en que encabezó la Revolución Cubana en 1959, contabilizando una lista de 638 atentados, inclusive uno para ocasionarle pérdida de la barba, bajo la teoría de que poner sal de talio en sus zapatos o en los puros que fumaba debía provocarle la caída del vello facial y demostrar a los cubanos que su presidente era débil y falible. El último atentado fue en 2008. De igual forma es una realidad que al líder de la Revolución Bolivariana, el Comandante Hugo Rafaél Chávez Frías, lo invadió un cáncer muy agresivo y muy atípico, que hoy en día parece constituirse en una prueba cada vez más contundente del asesinato. Al final, se hacen muy patentes los canales mediante los cuales trabaja la CIA, Doctor, por medio de traidores en los círculos cercanos del objetivo y de la mano del crimen organizado. Dependiendo de la zona en la que se encuentre, le corresponderá a tal o cual grupo, a tal o cual cartel colaborar con ellos dentro de sus zonas de influencia. ¿Sabe Doctor?, en México se han registrado 276 agresiones contra la prensa en el primer semestre de 2017, y una decena de comunicadores más han sido asesinados hasta agosto de este año. En total se calcula que desde el año 2000 en México han perdido la vida 106 periodistas, supuestamente, en el desarrollo de su labor periodística. -No lo sabía Rogélio. Sin duda son cifras alarmantes. -En el reporte *Violencia contra la prensa en México*, la organización Artículo 19 detalló que cada 15,7 horas se agrede a un periodista en el país. Asimismo, aseguró que de los 276 ataques perpetrados en los primeros 6 meses de este año, el 50,7 por ciento de ellos fue cometido por funcionarios públicos. Por su parte, sólo en lo que va del gobierno de Peña Nieto, han sido asesinadas 196 personas defensoras de derechos humanos y 81 se encuentran desaparecidas. El número total de agresiones, que incluyen también amenazas, golpes y allanamientos de oficinas, llega a más de 3.000, contenidas en 862 casos, cometidas en 30 de las 32 entidades que integran la República Mexicana. Entenderá, Doctor, que los periodistas, activistas y defensores de derechos humanos en México somos asediados constantemente por el crimen organizado, las guardias blancas de las empresas trasnacionales y por los funcionarios públicos. -Es una barbaridad, Rogélio... Me siento un poco abrumado con todo esto que me cuentas –dijo mientras sacudía su camisa por el cuello repetidamente, aireando el calor en su pecho. Vamos a suponer que todo esto es posible -prosiguió, ¿qué sentido tendría que te lo hubieran hecho saber? Tu mismo refieres que esta tecnología de lectura del pensamiento y manipulación de animales depende del secretismo, y puede ser usada inclusive como un arma, ¿por qué habrían de revelarse, de salir de la obscuridad y mostrarse? -Es una muy buena pregunta, Doctor, definitivamente me costó trabajo, varias canas y mechones de pelo, atrapados por montones en las coladeras de la regadera, pero llegué a la conclusión de que la respuesta siempre fue la más elemental. -¿Y cuál es esa respuesta? -Simplemente porque querían que me diera cuenta. Si lo piensa, Doctor, todo encaja en lo mismo que hemos venido platicando. Estamos ante individuos que cuentan con la tecnología para crear sismos y en consecuencia también gestar maremotos. De igual forma, pueden controlar sistemas meteorológicos como huracanes y tormentas. Por otro lado ya empezamos a ver erupciones volcánicas en diferentes partes, como las del volcán del Fuego en Guatemala y el volcán Manaro en Vanuatu, ambas en Septiembre de 2017, así como exhalaciones del volcán Popocatépetl en México. De igual forma hemos presenciado la caída de *asteroides* como el que en 2013 se precipitó a la Tierra cerca de Cheliábinsk, en Rusia, así como los múltiples avistamientos subsecuentes que no dejan de ser sospechosos. Si a esto le añadimos la posibilidad de controlar animales y una gran capacidad computacional y de procesamiento de información, si se detiene un momento y lo piensa, lo que están generando es precisamente un Apocalípsis, en dónde el escenario es el teatro de operaciones global y el objetivo es terminar por materializar las profecías bíblicas. En el libro de Éxodo se describen las plagas que azotarán al mundo. La primera plaga es el agua tornada en sangre, que fácilmente puede corroborar en Siria o en alguna otra zona de guerra ilegal en Medio Oriente. Para la segunda plaga, en dónde se describe una invasión de ranas, requerirá de esta tecnología para el control animal y un ordenador lo suficientemente potente para gestionar múltiples instancias, dotándolas de inteligencia artificial como si se tratara del entorno en un videojuego. Cada instancia, en este caso una rana, adquiere un comportamiento determinado por la programación del juego o la simulación. La tercera plaga, consistente en piojos y la cuarta, igualmente consistente en plaga de insectos, deberían presentar el mismo funcionamiento. -Bueno, Rogélio, digamos que técnicamente es posible, ¿qué sentido tendría provocar un Apocalípsis? ¿En dónde está la ganancia? -Como ya le comentaba es un negocio lucrativo, pero esto va más allá. El regreso de Jesucristo es el tema central del Apocalípsis. Este acontecimiento se predice específicamente en toda la Biblia. La segunda venida de Jesucristo se anuncia en cada uno de los Evangelios, en el libro de los Hechos y en las Epístolas de Pablo, Santiago, Pedro y Juan. Los motivos de la segunda venida de Jesucristo son: para recibir para sí mismo a todos los verdaderos cristianos, es decir, de alguna forma podría traducirse en segregación racial, religiosa o cultural; para la salvación nacional de Israel, es decir, la prevalecencia de una nación sobre el resto; para derrocar al Anticristo y al mismo Satanás, que bien podrían ser personificados por aquellos que no se alineen; para establecer su reino milenial sobre la tierra, o dicho de otra forma, establecer el Nuevo Orden Mundial. Teniendo acceso a esta tecnología, Doctor, ¿qué le impediría emular a Cristo? Bastaría con que desatara el Apocalípsis y tuviera claro aquello que es relevante para los estudiosos, líderes de opinión y fanáticos para identificarlo como Él Salvador. Se podría construir un fenómeno mediático mediante redes sociales, para que todos puedan apreciar el surgimiento del redentor. Desatar las pestes mientras se dispone a realizar *milagros,* muchos rumores, mucha cobertura mediática y eventualmente, confirmar la presencia del Alfa y el Omega quien detendrá las pestes y catástrofes que azotan a la humanidad, salvando el día y apuntalando el sistema de gobierno mundial que han intentado imponernos durante varias décadas: el llamado *New World Order*. El nivel de desastre dependerá del porcentaje de gente que crea que el Apocalípsis ha llegado y de aquellos que señalen como legítimo al nuevo Rey de Reyes, al Cordero del Señor, quien no tardará en señalar a Rusia como el reino de todos los males. A Irán, China, Corea del Norte, Venezuela, a todo país no alineado que represente un problema o desafío para el pentagonismo, la CIA y el *establishment.* Y en todo caso, señalando a cualquiera que se interponga en su camino como el Anticristo. -Es muy interesante lo que comentas Rogélio pero, ¿y qué papel juegas tu en todo esto? –preguntó el galeno visiblemente agitado. -En medio de una guerra híbrida – contesté con aplomo– cualquiera termina siendo *sólo un soldado*, Doctor. Mi función es la de darme cuenta y regar los frijoles, sonar el silbato y exponer la farsa. Demostrar para aquellos que estén dispuestos a observar, que todo esto es posible. Pero también he traído un mensaje para ti, Ernesto, y para todos los que detrás tuyo habrán de venir.

Transitar cerca del fuego

En esta Ciudad el tráfico es miembro permanente del mobiliario urbano, a toda hora, en cualquier lugar: filas de autos a lo largo y lo ancho, de esquina a esquina, de crucero diluido en crucero obstruido. Congestionados todos entre el sopor de los efluvios de escape carburado... y las tibias flatulencias auto propinadas, degustadas sin vergüenza en soledad. Postrados todos con la mirada perdida en el limbo interior, combinando el smartphone con la palanca de cambios, mirándose al retrovisor... dos pasadas de sombras... una de lápiz labial... ¡esta vieja viene distraída? Un agandalle, tres picones y seis claxonasos.

– ¡Matanga, dijo la changa! Yo no coroné en el parto mi reina, ¡yo nací aventando lámina!

– ¡Todos quieren pasar!, ¿qué no stás [sic] viendo!

– Igual que yo, pero tu sí puedes sacar la escoba, ¡bruja!

Miré por el retrovisor una vez más su cara enrojecida en coraje. Era el vivo ejemplo de lo que venía pensando: el problema de vialidad en la Ciudad de México es la vanidad, estupidez e imprudencia de los demás. La inconsciencia y descortesía del resto.

Cuando hay espacio de maniobra las cosas no van mejor, de hecho aquí todos manejan como si se vinieran cagando. Acelerando a fondo en la carrera desenfrenada por alcanzar la siguiente luz en rojo, que les someta a un alto en el mejor de los casos. Yo ya opté por traer un tubo remanente del rollo de papel higiénico en la guantera, para mostrarlo cínicamente desde la ventana, cuando traigo a uno de esos individuos correteándome sin cuartel.

Entre estertores de fluidez y estreñimientos, los Capitalinos nos descubrimos congestionados o transitando, pero siempre como pedazos de mierda al volante. Abriéndonos camino entre esfínteres, túneles y reductos viales, aglutinados junto con otros igualmente impulsados por las contracciones de la productividad y el consumo. Asediados todos entre coyotes disfrazados de policías, grúas, fotomultas diurnas... y también las nocturnas, que algunas son disparadas por siniestros "servidores públicos" o sus primos en el crimen organizado de "extrema izquierda", con mochila al hombro, y que rondan los cruceros de zonas clasemedieras por la madrugada, como zopilotes, engrosando ilegalmente las arcas del venidero proceso electoral.

Ya en el destino, estacionarse se realiza en medio de un

pujido constante. Requiere de un esfuerzo supremo, dilatando la agonía en un último acto de fe que termina por liberarnos de la miserable condición de sorete motorizado. -¡Ah! ¡Oh Dios! ¡Qué gran alivio! Sólo para transformarnos en un ser aún más abominable: un peatón en medio de una obra negra perpetua es una actividad de alto riesgo e invitación a la tragedia. Equivale a la suscripción involuntaria de la práctica del *parkour*: salta el hueco, esquiva un bólido, equilibra y avanza como pato espinado, el salto del tigre, ¡carajo!, no traje brea para las manos, seguro esta obstrucción se libra con cuerdas, mosquetones y poleas.

– Hay que rodear el socavón número setenta joven. Por aquí no hay paso.

– ¡Te cae...?

Seguí la fila hasta que se detuvo. ¿Quién se para a comprar discos piratas entre tramoyas, conos y cascos naranjas, ¡a ver, quién?

– ¡Tengan tantita madre oficial!

– Avance, siga avanzando.

– ¿Sí? ya que escogiste tu peli¡culero!

[…]

– ¿Cuales insultos oficial?, *peliculero* no es insulto, llevas varias películas.

Ay que vida más amarga y yo tan cerca del fuego. ¿Cuál fuego si está inundado! Huele a aguas de drenaje. Esta vez si paso... inténtalo otra vez... ¡si este no se amarra me mata! Súbete a la banqueta... ¿cuál banqueta? Hoyos, zanjas, grietas, raíces, redes, conos, señales luminosas... todo menos acera. -¡Que [inaudible] a su madre Mancera! –grité a pulmón resuelto ante el asombro de los compañeros transeúntes... Curiosamente, en ese preciso momento, Miguel Ángel Mancera aterrizaba su helicóptero en un paraje no identificado, por razones de seguridad, para posteriormente desplazarse dos cuadras a bordo de su automóvil eléctrico.

En honor a la obra literaria de José Agustín.
Septiembre de 2017.

Jaula de Faraday 2.0

Fui a la cocina, gaveta izquierda. Papel aluminio y tijeras. Corté un buen tramo. Saqué mi teléfono chismoso, disque inteligente, y lo envolví por completo dándole tres pasadas con el papel aluminio... como que no quiere la cosa. Tomé el teléfono tradicional y marqué mi número celular. Nada. Entró directo al buzón de voz. Colgué y remarqué, pero ahora haciéndolo desde mi otro teléfono celular. Obtuve el mismo resultado. Finalmente lo desenvolví con cuidado de no dañar el papel aluminio y comprobé que el smartphone estaba prendido. Apreté remarcar. Timbró... uno, dos, tres timbrazos. -¡Mira quién andaba sin señal! Repetí la operación y funcionó a la perfección. ¡Ya chingaste! Si tan sólo pudiera imprimir una carcasa para celular y meterle aluminio en los bordes... tal vez usando esas impresoras 3D que venden o alquilan ahora... Me sentí con suerte y regresé a la computadora. Abrí el buscador y tecleé: “3d print Faraday phone case” Abrí el primer resultado ¡No lo puedo creer! ¡Es un milagro!

El Pentagonismo

– Bien, daremos inicio a la sesión de hoy -afirmó el Profesor cerrando la puerta del salón de clases. – Como siempre haré un breve planteamiento de los antecedentes, luego del problema y finalmente serán ustedes quienes realicen el análisis: En 2015, Arabia Saudita lanzó la campaña militar contra el vecino país de Yemen y el Gobierno hutí (grupo insurgente zaidí chiita). Desde entonces, se ha desatado una catástrofe humanitaria, acabando con la vida de más de 10.000 personas y provocando hambruna en la población, según datos de Naciones Unidas (ONU). Catar, por su parte, ha sufrido un bloqueo por parte de Riad, con apoyo del resto de los países del golfo Pérsico (Egipto, Emiratos Árabes Unidos y Baréin), por supuestamente tener vínculos con grupos terroristas. Pero en realidad se debe a que Catar se ha atrevido a levantar algunas políticas soberanas allí en la región, en su acercamiento a Irán por los yacimientos compartidos, especialmente, y en su insubordinación a las directrices de Arabia Saudita. De igual forma, a esto se suma, sin duda, la presencia de los mercenarios del Estado Islámico en Siria e Iraq, respaldados por Riad, Estados

Unidos e Israel. Ahora bien, esta semana ha acaparado los titulares, que por supuesto todos ustedes han seguido con atención, la noticia de que una nueva guerra se cierne sobre Oriente Medio. El Profesor sacó su tableta de uno de los bolsillos de la chamarra y leyó en voz alta la siguiente nota periodística publicada el 10 de noviembre de 2017 en un diario internacional: – El líder de la organización militarizada chiita Hezbolá, Hasan Nasrallah ha asegurado que Arabia Saudita "ha declarado la guerra" a Líbano al detener su primer ministro, Saad al Hariri. El líder chiita Hasan Nasrallah ha condenado "la descarada interferencia saudí en los asuntos libaneses y este comportamiento humillante con el primer ministro". "Arabia Saudita enfrenta a los libaneses e incita a los países árabes a tomar medidas graduales contra Líbano", ha opinado Nasrallah. Díganme entonces, ¿qué esta pasando ahora en Medio Oriente? ¿Hay o no hay una declaración de guerra al Líbano por parte de Arabia Saudita, y de ser así, cuál es el motivo? Ante el silencio de los alumnos el Profesor continuó leyendo: – El responsable de Hezbolá ha agregado que Riad "también incitó" a los países del mundo contra Líbano, pero considera que "lo más peligroso es incitar a Israel a atacar el Líbano" y ha resaltado que sus palabras no son "un análisis", sino que se basan en "información confirmada". Según Nasrallah, "un insulto contra el primer ministro libanés es un insulto contra todos los libaneses, incluso aunque tengamos diferencias políticas con él". El dirigente de esa organización militarizada ha indicado que "no tiene sentido hacer consultas parlamentarias" cuando "el Gobierno actual todavía está en su lugar, es legítimo y no había renunciado". Con respecto a la renuncia del primer ministro libanés, la semana pasada, Saad al Hariri fue "llamado a consultas a Arabia Saudita" y el 4 de noviembre anunció desde Riad que renunciaba a su cargo. En su explicación, ese político alegó que Irán y Hezbolá habían elaborado un plan para asesinarlo. Hasan Nasrallah ha valorado que esa renuncia "es ilegítima e inconstitucional porque sucedió bajo coacción". Por su parte, el portal Middle East Eye indica que las circunstancias y la forma en cómo dio a conocer su dimisión indican que habría sido forzado por la monarquía saudita a tomar esa decisión.

* * *

Se hizo un silencio por un momento y el Profesor incitó a los estudiantes a participar. Nuevamente permanecieron en silencio, por lo que el Profesor se dirigió a su escritorio para seleccionar a un alumno aleatoriamente de la lista de asistencia. Antes de que pudiera elegir alguno, un alumno exclamó desde el fondo del salón de clases:

– "¡Queremos paz, queremos paz, queremos paz!, ¡Nos deben la paz, nos deben la paz, nos deben la paz!" Ante el desconcierto y las risas de los compañeros, el alumno terminó por explicar que así rezaba sin mayores explicaciones un comentario a la nota que anunciaba el 9 de noviembre de 2017 como Riad solicitaba a sus ciudadanos abandonar, ahora el Líbano, "inmediatamente" en lo que podría preverse como una declaración de guerra. – Yo me sentí identificado con el comentario -dijo finalmente.

– Parece entonces -agregó el Profesor- que ante los reveses militares recibidos en Siria y Yemen, Arabia Saudita y su aliados se preparan ahora para abrir, insensatamente, un nuevo frente en Oriente Medio.

– ¡Pero que locura!, ¡otra guerra más en Oriente Medio sólo puede ser una locura! ¿cómo explica esto Profesor, qué es lo que está pasando? ¿Por qué parece que las guerras en

Oriente Medio son infinitas, perpetuas? -preguntó angustiado otro de los alumnos.

– Se explica muy probablemente con el pentagonismo – afirmó el Profesor levantándose del escritorio.

– Ya decía yo que los yanquis tenían que estar involucrados, pero ¿qué es esta plaga y con qué se come? -preguntó el mismo alumno-.

– Se hace necesario -continuó el Profesor mientras realizaba algunos trazos con el gis en el pizarrón- y es importante destacar claramente un aspecto: el factor militar. Es por esto que tenemos que diferenciar el pentagonismo del imperialismo en lo relacionado a la conquista de territorios con fines de explotación pues el sistema que dirige esta corriente no le interesa explotar pueblos, sino más bien, establecer y mantener su ámbito de influencia en la política mundial y en un orden planetario monista de cara a proteger sus intereses (siendo precisamente eso lo que trazaba, dejando en claro que ambos conceptos no son lo mismo y el peso crucial del factor militar). Básicamente -continuó dejando el gis y sacudiéndose las manos-, cuando analizamos la historia a posteriori de la Segunda Guerra Mundial, vemos como Estados Unidos se establece como una superpotencia de la industria bélica, generándole esto de igual manera, la condición de ser una potencia económica. El rompimiento del concepto tradicional del imperialismo, podríamos decir que lo marca la Segunda Guerra Mundial, y es aquí donde se produce la ruptura del modelo imperialista clásico para dar la bienvenida al modelo del pentagonismo.

– ¡Caramba! –agregó con asombro una de las estudiantes desde el fondo del salón– ¡pero que desactualizados estamos! Mientras seguimos creyendo que lo que sufrimos en el resto del mundo es un imperialismo por parte de Estados Unidos, resulta que eso terminó hace más de 70 años.

– Técnicamente sí Laura -prosiguió el Profesor- más adelante, el mundo vivió el fenómeno de la Guerra Fría en su momento más intenso, suscitándose una guerra de ideologías más que de balas, pero en ciertos momentos se recurría a lo bélico para imponer su poderío e influencia de lo poco que quedaba del imperialismo clásico para la época. Recordemos que el planeta experimentaba tensiones tales como la Revolución cubana, la Crisis de los Misiles, la Guerra de Vietnam, la intervención militar en República Dominicana, entre otros episodios de tensión para la paz mundial.

– Es muy cierto Profesor -afirmó indignado uno de los estudiantes de intercambio-, en República Dominicana lo vivimos y conocimos de primera mano. En 1963, Juan Bosch fue derrocado, luego de ser el primer presidente en ganar unas elecciones libres, después de la dictadura de Rafael Trujillo Molina que había durado 31 años.

– Efectivamente, -continuó el Profesor- luego del golpe a Bosch y durante el gobierno provisional de Héctor García Godoy, está en desarrollo la segunda ocupación norteamericana a la República Dominicana y el país se encuentra en plena guerra civil. Así las cosas, luego de estos sucesos bélicos es que nace la corriente económica del pentagonismo, desarrollando la industria de las armas, donde incluso perdiendo la guerra se ganaba crecimiento para la economía norteamericana. Vietnam es un buen ejemplo de esto, luego en épocas más recientes lo serían Panamá, Nicaragua, Iraq, Afganistán, Siria, entre otros países sobre los cuales se continuaría ese mismo patrón militar.

– Muy cierto Profesor, pero en Siria hay una sutil diferencia -aseguro envalentonado uno de los alumnos que no había intervenido.

– ¿Cuál diferencia? -preguntó el Profesor.

– La diferencia radica en que Damasco pretende que Estados Unidos y sus aliados paguen por la destrucción de la infraestructura siria y que carguen con la responsabilidad por bombardear "ilegítimamente" objetivos civiles. Esto ha demandado Siria ante la ONU, cuando exigieron la detención de los ataques aéreos de la coalición internacional.

– Exactamente -dijo el Profesor satisfecho por el comentario- el gobierno sirio ha declarado que los beneficiarios de la reconstrucción de el país no serán empresas estadounidenses, ni las de países aliados a su coalición que se encuentra ilegalmente en el país, sino las industrias de los aliados del gobierno de Bashar Al Assad, es decir, Rusia e Irán principalmente, lo cual merma el beneficio económico del pentagonismo en su incursión en Siria. Incusive Pekín está dispuesto a participar de manera activa en el proceso de recuperación de Siria tras la devastación creada por la guerra, según ha declarado el portavoz del Ministerio de Relaciones Exteriores de China, Liu Jieyi, citado por RIA Novosti. Ese diplomático chino afirmó que su país tiene la intención de "trabajar con la comunidad internacional" para "jugar un rol activo" en ese proceso.

– ¡Que viva Siria, Rusia, China, Irán y Hezbolá! -gritó entusiasmado el mismo alumno que había realizado el primer comentario, a quien le llovieron felicitaciones y reprimendas de sus compañeros por igual. Al no ponerse de acuerdo si China ahora juega el mismo papel que Estados Unidos pero en su zona de influencia, el Profesor intervino: El negocio de China es el negocio, el negocio de Estados Unidos es la guerra. Mientras que Estados Unidos se enfoca en las guerras, China trata de obtener prosperidad económica. China está en la vía rápida para convertirse en el maestro de la globalización económica, ya que invierte en su futuro, desde la tecnología (nuevos vehículos eléctricos, nanotecnología, computación cuántica, etc), el aceleramiento del desarrollo de Internet, empresas avanzadas e innovadoras, hasta la adquisición de puertos, industrias y aeropuertos en el extranjero para la Iniciativa del Cinturón y Ruta de la Seda. Sin embargo, la situación sobre el crecimiento económico y la prosperidad de los ciudadanos en Estados Unidos es opuesta a la del país asiático. Sólo es necesario comparar las posturas de los dos mandatarios, Donald Trump y Xi Jinping: el líder estadounidense se ha mantenido "fiel" a su compromiso con "la expansión de las guerras en todo Oriente Medio, Afganistán y África". Por su parte, Xi Jinping, que da prioridad a la economía de su país, dijo que la modernización de la defensa nacional y las fuerzas armadas debería completarse en 2035. Si bien la economía china crece entre un 6,5 y un 7 por ciento al año y Estados Unidos está atascado en el rango de 2 a 2,5 por ciento al año, Académicos predicen que China se convertirá en la mayor economía en solo 10 años. No solo el PIB de China superará el nivel de Estados Unidos alrededor del año 2026, la clase media china, que excederá el 50 por ciento para entonces, también superará a Estados Unidos. Por lo tanto, estamos en posibilidad de afirmar que lo que encontramos en Estados Unidos es pentagonismo y lo que encontramos en China es globalización.

Todos estuvieron de acuerdo y lo expresaron mediante su silencio, el Profesor continuo: – Bien, pues actualmente Estados Unidos cuenta con un presupuesto militar mayor que el presupuesto total de muchos países que vienen emergiendo, llegando a destacarse el hecho de que sólo en lo militar se contemple una partida de 611,000 millones de dólares y sobre todo, que la tendencia de este presupuesto sea de aumento a partir del gobierno de Ronald Reagan y hasta y durante la administración de Barack Obama, quién también aumentaría la presencia de las tropas estadounidenses en territorios como Afganistán. Sin embargo, pareciera que a los estadounidenses no les importa vivir en una guerra perpetua, ya que menos del 1 por ciento de su población sirve en el ejército, y la mayoría de ellos no conoce a nadie que sirva en el ejército. De igual forma, la mayoría no saben que tienen desplegados más de 6000 tropas en África. En 2006 el 1 por ciento de las fuerzas especiales de los Estados Unidos estaban desplegadas en África, hoy en día corresponde al 17 por ciento. En el Pentágono denominan a las operaciones en las que supuestamente se despliegan para prevenir incidentes futuros como “conflictos de zona gris”, en dónde en realidad no tienen un objetivo claro o definido, sino que van dependiendo del nivel de ocupación necesaria. Los terroristas que hoy se desplazan a África, por ejemplo, son los remanentes de los que el pentagonismo creo en Iraq en 2003 y luego en Afganistán y Siria. Pareciera que el pentagonismo se ha diseminado aun más en la época de

Obama, ya que antes de su administración las fuerzas especiales de Estados Unidos operaban en 60 países, después de su administración operan en 147 y hoy en día en 148 países.

– Pero, ¿qué es lo que buscan en Oriente Medio, Profesor?

– Buscan petróleo, gas, agua dulce, tierras fértiles, uranio y pasajes marítimos como el estrecho de Ormuz y el golfo de Adén, por donde transitan millones de barriles de crudo por día y que son recursos codiciados por muchos. Para lograrlo es necesario crear inestabilidad en la región.

– Aún no me queda claro por qué han apuntado ahora el pentagonismo hacia el Líbano, ¿ellos qué tienen que ver Profesor? -preguntó otro de los alumnos.

– Está planteada la posibilidad que ante el fracaso de las fuerzas mercenarias de Estados Unidos, Israel y Arabia Saudita en Siria y en Iraq, que estos mismos grupos puedan ser llevados al Líbano, para buscar destruir lo que constituye la "real amenaza" para Arabia Saudita y su aliado Israel en la región, que es Hezbolá. Como comentabamos al inicio, este grupo armado es apoyado por Irán y el líder de Hezbolá, Hasan Nasrallah, aseguró que Arabia Saudita "ha declarado la guerra" al Líbano y que retiene contra su voluntad al primer ministro de ese país, Saad al Hariri, quien renunció a su cargo repentinamente desde Riad. Hezbolá es una fuerza verdaderamente preparada que ha luchado y ha vencido en varias ocasiones a Israel, y que ahora en Siria también ha tenido una participación bastante importante, colaborando con las Fuerzas Armadas Sirias y venciendo a estos grupos terroristas.

– ¿Pero por qué el primer ministro de un país renunciaría en la capital de otra nación? -continuó intrigado.

– Hariri es patrocinado por Arabia Saudita y ese país ha proporcionado una base y respaldo financiero para el imperio empresarial de su familia. Con la renuncia de Hariri, la organización militarizada Hezbolá, que forma parte del Ejecutivo, trataría de formar un Gobierno provisional puramente chiita, lo que desencadenaría un conflicto interno con la comunidad sunita libanesa. Asimismo la dimisión del primer ministro llevaría a la monarquía saudita a responsabilizar a Hezbolá de todo lo malo que ocurra en el Líbano. Pero la salida de Hariri también tiene importantes implicaciones para Israel, señala el diario Haaretz: El príncipe heredero saudita, Mohamed ben Salmán, parece ansioso por intensificar el conflicto con Irán por todos los frentes, y una forma sería creando las condiciones para una guerra entre Israel y Hezbolá.

– ¡Ahora lo entiendo todo Profesor! ¡Es una provocación! -exclamó desde su pupitre otra alumna, que había pasado el rato depilándose las cejas- Tanto Arabia Saudita como Israel están en la necesidad de fortalecer sus poderes en sus respectivos países. Al príncipe saudita le urge fortalecer la purga anticorrupción iniciada en el reino, mientras que Netanyahu se encuentra inmerso en un escándalo de corrupción, y una guerra contra el Líbano sería la distracción perfecta para desviar la atención de la población israelí y saudita. Lo que está pasando con Arabia Saudita, Israel y Líbano es la misma historia: Como han perdido influencia en la región, no les queda más remedio que recurrir al pentagonismo para intentar mantener su influencia y poder, además de intentar recuperar el presupuesto y la fuerza interna que han venido perdiendo.

– Así es -convalidó el Profesor satisfecho por el comentario-efectivamente Tel Aviv se ha estado preparando para la próxima guerra contra Hezbolá desde 2006, e Israel y Arabia Saudita están alineados en la lucha regional contra Irán. Arabia Saudita ha venido perdiendo influencia y poder en

Oriente Medio debido a las bajas súbitas en los precios del petróleo, así como la reincorporación de las cuotas de participación de petroleo y gas proveniente de Irán en la Organización de Países Productores de Petróleo (OPEP), así como los pasos firmes que ha dado el mundo para deshacerse paulatinamente del petrodolar. En pocas palabras, resulta más beneficioso y rentable para el pentagonismo garantizar la promoción de sus negocios en el exterior, al mismo tiempo que logra contratos ventajosos para los empresarios estadounidenses, estableciendo de esta manera un ambiente favorable para la venta de sus armas.

– ¡Ah! ¡Claro está! -exclamó otra alumna. Qué no fue Arabia Saudita la que recientemente alcanzó un acuerdo militar con Estados Unidos por valor de 110,000 millones de dólares, una de las mayores ventas de armas de la historia.

– Efectivamente -corroboró el Profesor- de hecho fue calificado como "el contrato del siglo" por la prensa especializada. Bajo el nuevo paradigma, ya el interés no es de conquista territorial, sino de mercados, pues el objetivo surte mayor impacto cuando se logra vender un arsenal de producción norteamericana como aviones, especialmente en estos tiempos de Donald Trump que se promueve la política de "compra americano, contrata americano". En todo caso, el territorio sólo es apetecible si tiene un valor estratégico de carácter geopolítico, como ya comentábamos, para la colocación de una base militar a través de la construcción de alianzas confiables. Uno de los factores que ha influido en que una sociedad tradicionalmente democrática como la norteamericana, acepte y asimile como tal esta política exterior militar, ha sido obviamente el uso de los mecanismos de difusión y publicidad, para vender la percepción de que Estados Unidos como potencia mundial se encuentra en constante estado de amenaza, por lo cual se hace necesario mantener su ejército desplegado con carácter permanente.

– ¡Caraj* Profesor! -gritó en exabrupto uno de los alumnos ubicado en las primeras filas, sólo para taparse la boca y disculparse por el insulto proferido- Después de algunas risotadas y pedidos de silencio por parte del Profesor, el alumno continuó: – Es ahí donde entra entonces la CNN y demás medios masivos de comunicación amarillistas, que lo que menos hacen es informar, ¿cierto Profesor?

– Muy cierto, pero no solo los medios masivos de comunicación. El pentagonismo requiere mantener a la gente en estado de *shock*, con amenazas reales o ficticias, pero como las amenazas no siempre se obtienen de manera natural, entonces se recurre a la creación de amenazas, como lo fue el 11S, con el derribamiento de las Torres Gemelas y otros edificios en Manhattan, que difícilmente se podrían explicar desde las versiones oficialistas que emitieron desde el gobierno de George W. Bush. Por el contrario, los familiares de las víctimas de los atentados del 11-S se han hecho con la Ley de Justicia contra los patrocinadores del terrorismo (JASTA, por sus siglas en inglés) ya que la Cámara de Representantes la aprobó por abrumadora mayoría el 9 de septiembre de 2016, la cual permite a las familias de las víctimas del atentado contra las Torres Gemelas demandar a Arabia Saudita, ya que los ciudadanos estadounidenses podrán demandar y exigir indemnizaciones a los países extranjeros vinculados con los terroristas que perpetraron los ataques contra las Torres Gemelas del World Trade Center de Nueva York y el Pentágono. Esa iniciativa afecta, sobre todo, a los intereses de Arabia Saudita, dado que 15 de los 19 terroristas del 11-S y algunos de sus cómplices eran súbditos de ese reino. De igual forma, la Embajada de Arabia Saudita en Washington pudo haber financiado una "prueba" de los ataques del 11 de septiembre de 2001, de acuerdo con las evidencias presentadas en una demanda contra el Gobierno saudita por familiares de las víctimas. Dos años antes de que fueran secuestrados los aviones de pasajeros que impactaron contra las Torres Gemelas de Nueva York, la Embajada saudita pagó a dos compatriotas, que vivían encubiertos en Estados Unidos como estudiantes, para que volaran desde Phoenix hasta Washington "como un ensayo de los ataques del 11 de septiembre", alega la demanda presentada en nombre de las familias de unas 1.400 víctimas que murieron en los ataques terroristas que segaron la vida de 3.000 personas en el 2001. Los documentos del Buró Federal de Investigaciones (FBI), presentados como prueba, afirman que dos ciudadanos sauditas que habían llegado a Estados Unidos: Mohammed al-Qudhaeein y Hamdan al-Shalawi, eran de hecho miembros de "la red de agentes del Reino" en el país. Los documentos sostienen que ambos sujetos habían sido entrenados en Afganistán, junto con varios agentes de Al Qaeda que participaron en los ataques del 11-S. Qudhaeein trabajó presuntamente en el Ministerio de Asuntos Islámicos de Arabia Saudita y Shalawi estuvo "empleado largo tiempo por el Gobierno saudita" en Washington. De igual forma, una ciudadana estadounidense, cuyo esposo murió en los ataques, ha presentado una demanda contra Arabia Saudita, acusando a ese país de haber apoyado a la organización terrorista Al Qaeda. Su esposo era un comandante de la Armada estadounidense y murió en el ataque contra las instalaciones del Pentágono. La querellante acusa a Arabia Saudita de estar involucrado en la muerte de su cónyuge, al haber prestado apoyo a Al Qaeda y su líder Osama bin Laden, por lo que exige una compensación económica, aunque no ha hecho pública la suma. Ante este panorama, Riad ha contratado a firmas lobistas para que intenten modificar e introducir enmiendas y vetos a la Ley, que hasta ahora han resultado infructuosos. Así mismo, presentaron una petición al tribunal federal de Manhattan, argumentando que los demandantes habían fracasado a la hora de presentar pruebas suficientes para someter al reino a demandas por valor de 100.000 millones de dólares. Los juristas aseguran que las declaraciones de los demandantes están basadas en rumores y especulaciones que califican de "exageradas e insuficientes" para afirmar la responsabilidad de Arabia Saudita.

– Era de esperarse que no se quedaran de brazos cruzados - afirmó otra de las alumnas.

– Efectivamente, pero no solo no se quedaron de brazos cruzados con las demandas por el 11-S, sino que ante la imposibilidad de continuar con la farsa que les facilitara un nuevo enfrentamiento bélico en contra de Hezbolá en el Líbano, que como ya dijimos es apoyada históricamente por Irán, los pentagonistas conjuraron un ataque muy evidente mediante el terremoto de 7,2 grados que sacudió Irán e Iraq el 12 de Noviembre de 2017, a 10 kilómetros de profundidad, según el Centro Sismológico Europeo Mediterráneo (EMSC, por sus siglas en inglés) y que dejó al menos 445 muertos y 7000 heridos, así como alrededor de 70.000 iraníes que perdieron sus hogares, a causa del terremoto que se sintió en toda la región, desde Líbano hasta Kuwait, informó la agencia FARS citando a fuentes oficiales. Es muy revelador el momento, la ubicación y la discrepancia en la información: Este terremoto se registró, como mencioné, apenas unos días después de que Arabia Saudita prácticamente declarara la guerra al grupo armado libanés Hezbolá, que recibe apoyo militar de Irán. Se registró a 10 kilómetros de profundidad, a 204 kilómetros al noreste de Bagdad, y a 104 kilómetros al oeste de la ciudad iraní de Kermanshah, contando con cerca de 14 réplicas que han sido registradas en Irán después del terremoto. El Servicio Geológico de Estados Unidos (USGS, por sus siglas en inglés), señala que el terremoto ha sido de magnitud 7,2 y que el foco se registró a una profundidad de 33 kilómetros, a unos 32 kilómetros de la ciudad iraquí de Halabja. Todo un mensaje, si se toma en cuenta la numerología a la que son tan proclives, y el análisis político que se realizaba sobre el pentagonismo, por parte de los analistas no alineados, en esos días en que Arabia Saudita declaraba la guerra al Líbano. Análisis varios e información confirmada, seguida de fuertes declaraciones por parte de líder de Hezbolá, Hasan Nasrallah, que forzaban al primer ministro del Líbano, Saad al Hariri, a regresar a su país "en cuestión de días" tras su polémica dimisión. Difícilmente podría pensarse que este terremoto es producto del *fracking* o fracturación hidráulica de hidrocarburos, siendo que esta tecnología no es común en la región, debido a los grandes yacimientos tradicionales de extracción de hidrocarburos, la propiedad intelectual de los químicos utilizados en la fracturación hidráulica, a los que no tienen acceso en la región y por supuesto, no es producto del cambio climático.

– Que descarados Profesor. No hay closet que pueda esconder ya que los terremotos son usados como un arma - dijo visiblemente molesto uno de los alumnos del fondo del salón.

– Cierto -afirmó el profesor-, pero hay gente que aun se rehúsa a ver la realidad tal y como es, en fin, no podemos renunciar a nuestros esfuerzos en el plano del activismo informativo, ya que la gente parece estar harta del pentagonismo en todos lugares. Ahora se entiende por qué cientos de personas se reunieron frente a la embajada de Estados Unidos en Filipinas, para protestar contra la visita al país del presidente estadounidense, Donald Trump, como parte de su más reciente gira por Asia. Los manifestantes llevaban pancartas con los lemas como "Tropas de Estados Unidos fuera ahora", " Estados Unidos imperialista es el terrorista número uno", "Trump no es bienvenido", "Detengan la máquina de guerra de Estados Unidos", entre otros. Unas horas antes, otra protesta tuvo lugar frente a la embajada estadounidense en Manila. En ese lugar fueron mujeres filipinas quienes expresaron su rechazo a la llegada del líder de Estados Unidos, gritando lemas y llevando pancartas como "Filipinas no se vende", "Pongamos fin al imperialismo estadounidense", "No venda la vida de las mujeres". Inclusive el príncipe Carlos de Inglaterra culpó a la afluencia de judíos de otras partes del mundo de agravar el conflicto árabe-israelí en Oriente Medio, y expresó la esperanza de que algún presidente estadounidense tenga el valor de enfrentarse al cabildeo judío algún día. Esto se desprende de una carta recién revelada que data de 1986. El heredero a la corona británica escribió la nota el 24 de noviembre de ese año, después de haber realizado visitas oficiales a Arabia Saudita, Baréin y Catar con la princesa Diana. La carta fue encontrada en un archivo público y publicada por Daily Mail. "Ahora aprecio que los árabes y los judíos eran todos originalmente un pueblo semita", escribió el príncipe de Gales, entonces de 38 años, agregando que "es la afluencia de judíos extranjeros, europeos –especialmente de Polonia, según dicen– que ha contribuido a causar grandes problemas en el Medio Oriente". En la carta, el príncipe Carlos califica de "fascinante" su gira por esos países árabes, y afirma haber "aprendido mucho" sobre Medio Oriente y el punto de vista que predomina en esa región acerca de Israel. "Algún presidente estadounidense seguramente tendrá el coraje de pararse en firme ante el 'lobby' judío en Estados Unidos", agrega, refiriéndose a la existencia de un presunto cabildeo judío en la política estadounidense, un tópico que es considerado por algunos como antisemita: "Debo ser ingenuo, supongo", concluye la misiva. Por su parte, durante una reunión de su gabinete de ministros, el primer ministro de Israel, Benhamín Netanyahu declaró que estimarán que "Hamás será responsable de cada ataque" que emane de la Franja de Gaza o se planee en ese lugar, y que su país responderá "con mano muy dura" a cualquier ataque sin importar de dónde proceda. Declaración que vaticina operaciones de bandera falsa en un futuro cercano, que sirvan como pretexto para hacer realidad un ataque de Israel al Líbano o a las regiones chiitas y palestinas en dónde Hamás o Hezbolá tengan influencia. De igual forma, Arabia Saudita ha iniciado una supuesta "lucha contra la corrupción" que ha iniciado todo un proceso de persecución eminentemente política, con encarcelamientos y hasta de tortura de alguno de los príncipes, según han reflejado distintos medios, que busca tapar las verdaderas contradicciones y problemas internos de Arabia Saudita, en particular, los relacionados con la "sucesión al trono" y la tarea de ocupar cargos importantes, que se disputan más de 8.000 príncipes. Siendo que Arabia Saudita y su monarquía no son más que un protectorado de Estados Unidos en la región y, por tanto, para servir o mantenerse en el poder buscan servir a la política exterior de Estados Unidos y de Israel, que a su vez, no es más que una extensión de Estados Unidos en la región.

– ¡Hay que ver para creer! -señaló una de las alumnas visiblemente indignada.

– Pareciera entonces -prosiguió el Profesor- que el comentario con el que se identificó su compañero, que decía: "queremos paz, nos deben la paz" es compartido por muchas, muchas personas en el orbe y no podemos descansar hasta que logremos una paz duradera en todo el planeta, y en especial en Oriente Medio. Ya no hay justificación para la guerra. Demos entonces por terminada, con ese llamado a la paz, la clase de Relaciones Internacionales del día de hoy.

Monólogo bidireccional

En el sitio web de un diario de circulación nacional, apareció publicado un día cualquiera, el siguiente comentario a la nota que semanas antes describía cómo Emilio Azcárraga Jean, Presidente de Grupo Televisa, confirmó en Agosto de 2016 el cierre del Canal 2 de televisión, su canal insignia, redirigiendo el foco hacia toda una plataforma de comunicación más allá de un sólo canal. El comentario rezaba:

"Ante la posibilidad de quedar en un soliloquio, debido a la mono-producción de un mono-canal, que emite un monólogo a través de un monopolio en radio y televisión, Azcárraga emprendió esta nueva estrategia mono-saturada... de relaciones públicas."

El juguete de Dios

– Papá, ¿Dios existe?

– Es una pregunta difícil y la respuesta es complicada. ¿Estamos listos para escucharla?

– Sí papá.

– ¿Has oído hablar de los planetas que han descubierto orbitando al rededor de otras estrellas diferentes a nuestro Sol?

– Si papá, como el sistema TRAPPIST-1 del que hablabas la otra noche.

– Exacto. Pues digamos que con Dios hay que hacer algo similar.

– ¿Cómo es eso papá?

– Sí, mira, la mayoría de esos planetas no son visibles desde la Tierra por ser cuerpos opacos, relativamente pequeños y estar a gran distancia de nuestro sistema solar, por lo que es difícil verlos, inclusive con los telescopios más potentes. Por lo tanto, sólo puede inferirse su existencia a través de perturbaciones en el brillo de su estrella, o por medio de las oscilaciones que provoca su masa gravitatoria en la estrella al rededor de la que orbitan. Es decir, podemos saber de su existencia de manera indirecta.

– Y en el caso de Dios, ¿cómo es que esto aplica, papá?

– Podríamos saber que Dios existe de manera indirecta, a través de su hijo Jesús.

– Pero hay gente que afirma que Jesús no existió, que en realidad fue una antropomorfización del culto al Sol.

– Efectivamente, pero piénsalo por un momento Amor, mi primer Amor, la historia de Cristo, más allá de las cuestiones sobrenaturales que se le atribuyen, y dejando a un lado la discusión respecto de si efectivamente existió un ser humano con ese nombre y esos atributos, o fue simplemente una leyenda en la que se antropomorfizó al Sol, como bien señalas, con atributos comunes, en culturas distantes geográfica y temporalmente, como lo documenta el proyecto Zeitgeist, la historia de Cristo es la historia de un individuo de extracción humilde o poco privilegiada que desafía y derrota a un Imperio decadente mediante el humanismo. En suma podríamos afirmar que muchos de nosotros somos una reencarnación del Cristo, todos aquellos que con nuestros actos, dichos y consciencia desafiamos al estado de cosas. Activistas, periodistas, disidentes, revolucionarios, todos de alguna forma se encuentran a sí mismos inmersos en un sistema brutal, sumamente injusto, del que no están dispuestos a participar y al cual han decidido denunciar y resistir. Desde sus trincheras y en la medida de sus posibilidades, todos terminan por interponerse en el camino del Imperio. ¿Has escuchado hablar del los dos cuerpos del rey?

– No, sinceramente no.

– Es un término íntimamente ligado al concepto del *nosotros real*, esa expresión que usan los reyes, gobernantes y mandatarios mediante las que se refieren a decisiones propias o pronunciamientos particulares usando la primera persona del plural –nosotros–, en vez de la primera persona del singular –yo–. La teoría dicta que un rey cuenta con dos cuerpos, un cuerpo natural y un cuerpo político. El cuerpo natural es mortal, susceptible de todos los accidentes e impurezas tan características en el ser humano, "proclive a la imbecilidad de la infancia, de la vejez y a los defectos del cuerpo y mente", como lo describiera Ernst Kantorowicz. Por su parte el cuerpo político es inmaterial, no puede verse o tocarse, consistente en las políticas, el gobierno, y representa la dirección de un pueblo, la administración del bien público. Este cuerpo político se encuentra ausente de infancia y de vejez, así como de los defectos propios del cuerpo natural. El rey cuenta con miembros y órganos propios de su cuerpo natural, como brazos, piernas y demás comunes para todo ser humano, y de la misma forma, cuenta con miembros en su cuerpo político tales como los súbditos e instituciones, que en conjunto forman una corporación. Por muchas centurias, el significado oficial del cuerpo místico para la curia Católica se refería al cuerpo consagrado del anfitrión, en dónde existía simultáneamente una presencia real, tanto de lo humano como de lo divino en la Eucaristía. Esta noción del cuerpo místico fue gradualmente transferida a la Iglesia, después de 1150 después de Cristo, como el cuerpo organizado de la sociedad cristiana unida en el Sacramento del Altar, tomando una connotación sociológica y ubicando a la Iglesia Católica como el cuerpo político del rey de reyes. Pero, ¿qué es un rey, Amor?

– Es un soberano, un líder papá.

– Muy cierto, pero a mi me gusta más definirlo en términos del ajedrez. El rey es una pieza más en el tablero, pero que cuenta con ciertas particularidades: su movimiento es apenas más diverso que el del peón, que sólo puede transitar hacia adelante un espacio por vez y comer en diagonal. El rey por su parte puede moverse y comer en cualquier dirección pero también, de a un espacio por vez. Así mismo, el jaque al rey determina la inminencia de su protección, so pena de terminar la partida y enfrentar la derrota. También cuenta con un movimiento único, denominado enroque, en el que una torre aun no movida puede asumir su lugar, protegiéndolo. Pero siendo que este cuerpo político del rey no es mortal, su alma migra de una encarnación en la siguiente, dando lugar a la expresión que reza: "el rey ha muerto, larga vida al rey", y si se quiere, de alguna forma faculta una nueva partida con un nuevo rey encarnado. Por su parte, Cristo es llamado el Rey de reyes, pero él, por su parte, se refiere a sí mismo como hijo del hombre. Esta expresión es utilizada antes de los Evangelios en el Libro de Daniel en 7:11-14, en dónde "el profeta ve venir en las nubes del cielo como un hijo de hombre, que se acercó al anciano y se presentó ante él. Le dieron poder real y dominio: todos los pueblos, naciones y lenguas lo respetaron. Su dominio es eterno y no pasa, su reino no tendrá fin". De igual forma, el profeta Isaias en 7:14 dice: "Por tanto, el Señor mismo os dará señal: He aquí que la virgen concebirá, y dará a luz un hijo, y llamará su nombre

Emanuel. Siendo que Emanuel significa Diós está con nosotros". En Juan 3:14 Jesús hace un paralelismo entre el concepto hijo del hombre y la serpiente, en concreto la que Moisés hiciera en el desierto, la serpiente de bronce, como se describe en el Libro de Números: 21:9. También en el Apocalipsis 1:14-16 Juan describe al hijo del hombre: "Su cabeza y sus cabellos eran blancos como blanca lana, como nieve; sus ojos como llama de fuego; y sus pies semejantes al bronce bruñido, refulgente como en un horno; y su voz como estruendo de muchas aguas. Tenía en su diestra siete estrellas; de su boca salía una espada aguda de dos filos; y su rostro era como el sol cuando resplandece en su fuerza". Qué pasaría entonces si tu encontraras a alguien que cumpliera con esas características o con las características de otra creación divina.

– Pues podríamos inferir que Dios existe de manera indirecta, ya que sus creaciones lo delatarían.

– Ciertamente, siempre y cuando no estemos ante una simulación, ante una serie de creaciones humanas destinadas a hacer parecer que son obras divinas.

– Pero insisto papá, Cristo es un mal ejemplo, ya que existen numerosos alegatos sobre su existencia histórica.

– Efectivamente. Entonces busquemos otra de sus creaciones que pudiéramos encontrar y que lo delataran.

– ¿Como cuál?

– ¿Que te parece el Leviatán?

– ¿Como el libro de Hobbes?

– Más como el monstruo bíblico en el que se inspira el libro. Describamos entonces al Leviatán: La palabra viene del hebreo *liwyatan*, que significa enrollado, es una bestia marina del Antiguo Testamento, a menudo asociada con Satanás, y creada por Dios. El término Leviatán ha sido reutilizado en numerosas ocasiones como sinónimo, hoy en día, de gran monstruo o criatura. En la Biblia se menciona al Leviatán en 5 versículos principalmente, siendo Job 41 el más completo:

Salmos 104:26

Allí surcan las naves, [y] el Leviatán que hiciste para jugar en él.

Job 41:1-34

¿Sacarás tú a Leviatán con anzuelo, o sujetarás con cuerda su lengua? ¿Pondrás una soga en su nariz, o perforarás su quijada con gancho? ¿Acaso te hará muchas súplicas, o te hablará palabras sumisas? ¿Hará un pacto contigo? ¿Lo tomarás como siervo para siempre? ¿Jugarás con él como con un pájaro, o lo atarás para tus doncellas? ¿Traficarán con él los comerciantes? ¿Lo repartirán entre los mercaderes? ¿Podrás llenar su piel de arpones, o de lanzas de pescar su cabeza? Pon tu mano sobre él; te acordarás de la batalla [y] no lo volverás a hacer. He aquí, falsa es tu esperanza; con sólo verlo serás derribado. Nadie hay tan audaz que lo despierte; ¿quién, pues, podrá estar delante de mí? ¿Quién me ha dado [algo] para que yo [se lo] restituya? [Cuanto existe] debajo de todo el cielo es mío. No dejaré de hablar de sus miembros, ni de su gran poder, ni de su agraciada figura. ¿Quién lo desnudará de su armadura exterior? ¿Quién penetrará su doble malla? ¿Quién abrirá las puertas de sus fauces? Alrededor de sus dientes hay terror. [Sus] fuertes escamas son [su] orgullo, cerradas [como con] apretado sello. La una está tan cerca de la otra que el aire no puede penetrar entre ellas. Unidas están una a la otra; se traban entre sí y no pueden separarse. Sus estornudos dan destellos de luz, y sus ojos son como los párpados del alba. De su boca salen antorchas, chispas de fuego saltan. De sus narices sale humo, como [de] una olla que hierve sobre juncos [encendidos.] Su aliento enciende carbones, y una llama sale de su boca. En su cuello reside el poder, y salta el desaliento delante de él. Unidos están los pliegues de su carne, firmes [están] en él e inamovibles. Su corazón es duro como piedra, duro como piedra de molino. Cuando él se levanta, los poderosos tiemblan; a causa del estruendo quedan confundidos. La espada que lo alcance no puede prevalecer, ni la lanza, el dardo, o la jabalina. Estima el hierro como paja, el bronce como madera carcomida. No lo hace huir la flecha; en hojarasca se convierten para él las piedras de la honda. Como hojarasca son estimadas las mazas; se ríe del blandir de la jabalina. Por debajo [tiene como] tiestos puntiagudos; se extiende [como] trillo sobre el lodo. Hace hervir las profundidades como olla; hace el mar como redoma de ungüento. Detrás de sí hace brillar una estela; se diría que el abismo es canoso. Nada en la tierra es semejante a él, que fue hecho sin temor. Desafía a todo ser altivo; él es rey sobre todos los hijos de orgullo.

Salmos 74:14

Tú aplastaste las cabezas de Leviatán; lo diste por comida a los moradores del desierto.

Isaías 27:1
Aquel día el Señor castigará con su espada feroz, grande y poderosa, a Leviatán, serpiente huidiza, a Leviatán, serpiente tortuosa, y matará al dragón que [vive] en el mar.

Job 3:8
Maldíganla los que maldicen el día, los que están listos para despertar a Leviatán.

En el Talmud, por su parte, el Leviatán es mencionado en Avoda Zara 3b: "Rav Yehuda dice, hay doce horas en un día. En las primeras tres horas Dios se sienta y aprende el Torá, las segundas tres horas él se sienta y juzga el mundo. Las terceras tres horas Dios alimenta al mundo entero... el cuarto periodo de tres horas Dios juega con el Leviatán.

También se menciona en Moed Katan 25b: "Rav Ashi le dijo a Bar Kipok: ¿qué será dicho en mi entierro? Él contestó: "¿si una llama puede derrumbar a un cedro, qué esperanza tiene un árbol pequeño? Si un Leviatán se puede enganchar y acarrear a la tierra, qué esperanza tiene un pescado en un charco?"

En el libro de rezos de Artscroll agrega: "El Leviatán era un pez monstruoso creado en el quinto día de la creación. Su historia se relaciona largamente en el Baba Bathra 74b del Talmud, donde se dice que el Leviatán será destruido y su carne será servida como banquete para el honrado en [el] tiempo por venir, y su piel se usará para cubrir la tienda donde ocurrirá el banquete."

La leyenda dice que en el banquete después del Armagedón, el caparazón del Leviatán será servido como comida, junto con el Behemot y el Ziz.

Algunas leyendas judías consideran al Leviatán como un dragón andrógino que en su forma masculina sedujo a Eva, y a Adán en su forma femenina.

Hay también un himno religioso que es recitado en el festival de Shavuot, conocido como Akdamut, en donde dice: "... el deporte con el Leviatán [pez] y el buey

Behemoth... cuando se engancharán el uno con el otro y comenzarán el combate, con sus cuernos, el Behemoth corneará con fuerza, el pez [Leviatán] saltará para confrontarlo con sus aletas, con poder. Su creador se les aproximará con su espada poderosa [y los matará a ambos]." Así, "de la hermosa piel del Leviatán, Dios construirá los pabellones para abrigar al honrado, que comerá la carne del Behemoth [buey] y el Leviatán en medio de gran gozo y alegría, en un enorme banquete que será dado para ellos." Algunos comentaristas rabínicos dicen que estos pasajes son alegóricos.

– Pero entonces ¿sugieres que encontremos a la serpiente enrollada que creó Dios para dar con él indirectamente?
No precisamente Amor. El monstruo del lago Ness es una tomada de pelo. Pero qué pasaría si lo que se describe y representa como una serpiente enrollada, una serpiente o un pez mordiéndose la cola en referencia a lo eterno, al renacimiento. O aquello también descrito como dragones o cetáceos inmensos, no fueran más que alegorías de un individuo, el llamado rey del caos, en el que recae el *cuerpo político del Leviatán* por un periodo determinado. Qué

pasaría si fuera un rey peón más en el tablero, un ser humano que de alguna forma cumpliera con el cometido de ser el juguete de Dios. Si ese individuo existiera y tu fueras capaz de reconocerle, tal vez por tenerle enfrente, entonces dime Amor ¿creerías en Dios?

www.ingramcontent.com/pod-product-compliance
Lightning Source LLC
Chambersburg PA
CBHW051430250726
48656CB00020B/1612

* 9 7 8 1 9 7 3 3 1 2 0 7 9 *